古代
天皇陵の
謎を追う

大塚初重

Hatsushige Otsuka

新日本出版社

陵墓研究と私の心――まえがきにかえて

二〇一五年の今年はアジア・太平洋戦争敗戦後から七十年目にあたる。十九歳で海軍軍人として戦火にまみれ、一九四五年八月十五日、中国上海の海軍第二気象隊で敗戦を迎えた。捕虜生活から解放されて祖国日本への帰還の日、港へ向かって歩く私たちに対して、沿道の多くの中国人から唾を吐かれ、「日本人の馬鹿野郎」と怒声を浴びせられ、中には蹴飛ばす人まで現れても、私たちは何もできずに歩くほかはなかった。このような惨めな思いをした考古学者は、今はほとんどいないであろう。あの「神国日本」「八紘一宇《はっこういちう》のわが日本」「神風が吹く」と私たち少国民に戦争を美化したのは誰だったのか、それを信じたのが間違いだったと思ったところで、私たちは敗者なのだった。何をされようが日本の土を踏むまでは帰国用のアメリカの上陸用舟艇に乗船するまでは、ひたすら唇を噛んで耐えるしか術《すべ》はなかった。

復員後の私の命の保証はないかも知れないが、もし生き延びることができたとしたら、私は何をすべきか反問した。

神話に登場する神々の行動や物語の世界を、小学校の頃から真実のことのように思っていた。神武天皇の即位までの苦労も先生の話で知り、興味を抱いた。美しい神々の国、日本の建国神話を私は何の疑問もなく受け入れたのだった。

その私が考古学研究の道を歩き始め、戦後七十年の今、日本古代の天皇陵について言説を呈することになるとは思ってもみなかった。天孫降臨《てんそんこうりん》に始まる建国神話を土台とする日本の歴史は「必ず勝つ」「神風が吹く」といういわゆる皇国史観によって高らかに鼓吹されてきたのだった。ひたすら踊らされ、自ら踊ってきた軍国少年だった私が、一瞬にして夢から醒《さ》めたのは、一九四五年四月十四日未明のことだった。中国上海の海軍第二気象隊への転勤を命じられた私は、輸送船寿山丸に乗船中、済州島《さいしゅうとう》沖で米国潜水艦の魚雷攻撃を受けた。爆発し、燃えさかりながら沈んでいく船からの脱出時に、自分の歩いてきた人生とともに、日本の建国の歴史の夢が吹き飛んだ思いだった。

実はそれが神々の活躍する歴史の真実を知らなければ、と思い込む激動の一瞬だったと思う。冷たく寒い四月の東シナ海を漂流した情景は筆舌に尽くしがたい。

死の淵から生還し、考古学研究の道で古墳時代を専攻し始めた私は、各地でも古墳を見学し自ら古墳の学術発掘を担当するようになった。その中で古代の天皇陵はほとんどが前方後円墳であり、天皇陵に治定《じじょう》されていない多くの前方後円墳が存在するが、天皇陵だけはほかの有力首長墓である前方後円墳とは、墳墓の内容がいささか異なるのではないかと思っていた。天皇陵なるがゆえに規模広大、豪華な内部構造と他墳墓を圧倒する副葬品の質量とも勝る遺品の数々が存在するものと思い込んでいた。

天皇陵だけでなく周辺の陪塚《ばいづか》（主墳に従属する小墳）までを含めた天皇陵古墳群の物量の大きさが、最終的な天皇陵が示す力、それは政治力・経済力であり軍事力をも含めた社会的な総合力なのかも知れないが、また年代の差による墓制の変化が問題ともなるのかも知れないと思った。

一九六〇年代は国土開発による遺跡の消滅事件が多く起こった。古市《ふるいち》・百舌鳥《もず》古墳群などでも、陵墓でない大型前方後円墳の破壊があり、天皇陵への関心が高まったことは事実であった。天皇陵の発掘はできないが、古市・百舌鳥古墳群を生活圏内に持つ関西の多くの研究者は天皇陵に関する多くの論考を発表している。

とりわけ同志社大学の森浩一氏（故人）は、明らかに誤りと言える天皇陵の治定を「〇〇天皇陵」と称して扱うことは禍根を残すことにもなるので、古くから地元で言い伝えてきた古墳名を用いるべきである、と主張。『古墳の発掘』（一九六五年、中央公論社）の中で、応神天皇陵を「誉田御廟山《こんだごびょうやま》古墳」、仁徳天皇陵を「大仙《だいせん》古墳」として用いるべきだと提唱した。現在では多くの研究者が崇神《すじん》天皇陵を「行燈山《あんどんやま》古墳」、景行《けいこう》天皇陵を「渋谷向《しぶたにむかい》山《やま》古墳」として扱うようになった。

森浩一氏の「天皇陵古墳」への対応によって、考古学界だけでなく、社会一般からも陵墓が身近な存在として理解されるようになったことは事実である。

個別の天皇陵についての具体的な考古学的研究の類例は少ないが、いわゆる「天皇陵論争」ともいうべき論文は、多くの考古学研究者によって発表されてきた。その、一、二例をあげれば茂木雅博氏の『日本史の中の古代天皇陵』（二〇〇二年、慶友社）や今井堯氏の『天皇陵の解明』（二〇〇九年、同）などの労作がある。二〇一一年には元読売新聞文化財担当記者であった矢沢高太郎氏が『天皇陵の謎』（文春新書）を刊行された。陵墓に関する多くの疑問を率直に、また単刀直入に迫る内容は、社会的にも「天皇陵とは何か」という意識を一般的に呼び起こした点で高く評価できる。

同年一月に、私は東京新聞から「陵墓の謎を追う」（二十回）と題する連載執筆の依頼を受けた。東京生まれ千葉県在住の筆者が、古墳時代の研究者として天皇陵に関する場違いの冒険になるのではないかとも思った。しかし、東国の古墳と天皇陵との本質的な差があるとすればそれも見極めたいと思い、執筆を引き受けた。

戦後の日本考古学では研究上の大きな問題提起が存在するが、古墳時代の研究上で注目すべき研究に埴輪研究と、大阪・陶邑窯跡群《すえむらかまあとぐん》調査による須恵器《すえき》の編年研究があり、天皇陵研究の発展に大きく貢献した。

埴輪研究については川西宏幸氏の「円筒埴輪総論」（『考古学雑誌』六四巻二号、一九七八年）がある。そこでは発掘調査できない天皇陵について、墳丘の崩壊を防ぎ、周濠《しゅうごう》（古墳をめぐる堀）の崩れを整備する宮内庁による営繕工事の際に、円筒埴輪が多数出土することに着目して円筒埴輪の製作技法の特徴を精緻に分析し、円筒埴輪の編年を提起した。円筒埴輪の型式上の編年は、時には天皇陵の造営年代を明らかにし、また天皇陵の順列にさえ大きな影響を与えることになった。

一方、須恵器の編年研究も大阪・陶邑窯跡群の調査から確立された、陵墓の営繕工事に伴う調査中に良好な須恵器資料が発見された。大仙陵（仁徳天皇陵）のくびれ部東側の「造り出し」部からの出土（一九九八年三月）であるが、器高六二センチメートルの大型甕《かめ》の型式はON46（大阪府陶邑窯跡群大野池46号窯）〜TK208（陶邑窯跡群高蔵208号窯）期であり、築造時期に近い年代と宮内庁『書陵部紀要』（第五二号、二〇〇一年）に報告されている。

右のような天皇陵から発見された新事実によって、大仙陵古墳の年代が五世紀中葉頃にまで確定できることになり、改めて大仙陵の事実認識が正しく評価されることになりそうである。

本書は、先の新聞連載をもとに新たに書き下ろしたものである。陵墓の研究には『古事記』『日本書紀』の記述の解釈は大事である。同時に、私は考古学者として、発掘され目の前に提起される古代の事実、考古学上の事実から何を学ぶのかを、基本的スタンスとしてきた。古代天皇陵の治定問題を中心にまとめているが、本当の被葬者は誰かという「謎解き」ではなく、古墳発掘と出土品研究の成果のうえに、現時点で言えることを記した。

なお本書掲載の神武天皇陵以下の天皇陵測量図の原図は、宮内庁書陵部所蔵であり、学生社刊『陵墓地形図集成［縮小版］』（宮内庁書陵部陵墓課編、二〇一四年九月）より転載した。

古代天皇陵の謎を追う＊目　次

序　章　古墳時代と大王陵

■古墳時代の王とは

日本の古代国家における最高政治的統轄者は、大和《やまと》王権の最高権力者である天皇（当時は大王《おおきみ》）であった。ところが「大和」という言葉は、七五七（天平宝字元）年より施行された「養老令《ようろうりょう》」に初めて登場する用語である。

大和王権とは、弥生時代の後三世紀から始まる古墳時代に「大王」などと呼称された倭《わ》国の王を中心として、いくつかの有力氏族が連合して成立した政治権力である。それ以前の弥生時代でも、「倭」と称される一定の領域があり、「王」と呼ばれる君主がいた。ただし、三世紀にいたるまで小国分立の状態がつづいたとみられる。

『魏志東夷伝倭人条《ぎしとういでんわじんのじょう》』（中国の史書『三国志』のうち「魏志」の「東夷伝」にある倭人の条をいう。以下「魏志倭人伝」と略称）は、二世紀後半に邪馬台国《やまたいこく》に卑弥呼《ひみこ》があらわれ、それによって争乱はおさまって三十国ほどの小国連合が生まれたとし、「親魏倭王」印を授与されたことを記している。

邪馬台国の所在地については近畿説と九州説がある。近畿説を採用した場合、三世紀には近畿から北部九州をはじめ山陰・北陸地方、さらに東海地方に及ぶ広域の政治連合がすでに成立していたことになる。九州説を採用すれば北部九州一帯の地域連合ということになり、日本列島の統一はさらに時代が下ることとなる。

編年研究の進んだこんにちでは、王の墓としての古墳の成立時期は三世紀の中頃に遡《さかのぼ》るとされているため、卑弥呼を宗主とする小国連合（邪馬台国連合）がヤマトを拠点とする「ヤマト政権」ないし「ヤマト王権」につながる可能性が高くなったとの指摘がある。以前は、四世紀頃～六世紀頃にかけての時代区分として大和時代が広く用いられ、その時期に日本列島の主要地域を支配した政治勢力として「大和朝廷」の名称が用いられていた。しかし一九七〇年代以降、重要な古墳の発見や発掘調査が相次ぎ、科学的な年代測定の方法が確立し、その精度が向上したこともあいまって大王の墓である古墳の編年研究が進み、かわって古墳時代が一般的となった。古墳時代の政権についても「ヤマト王権」や「大和政権」等の用語が使用され始めた。ヤマト王権の王は中国や朝鮮半島諸国など対外的には「倭国王」「倭王」と称していたため、「倭国政権」、「倭王権」等も用いられるようになっている。

天皇という称号も天武《てんむ》天皇在位（六七三～六八六年）からか、それ以前の推古《すいこ》天皇在位（五九二～六二八年）からか種々の見解があるが、一九九八（平成十）年に奈良文化財研究所が飛鳥藤原宮跡第八十四次調査で万葉ミュージアム建設予定地であった飛鳥池遺跡の調査中に「天皇聚□（露か?）弘□（寅か?）」という墨書のある木簡を発掘した。木簡の中には「丁丑《ひのとうし》年十二月」という干支記載例があり、六七七（天武五）年という年代と、伴出した土器型式の年代では、天武朝から持統《じとう》朝（六九〇～六九七年）初期に及ぶものであったから、天武朝には天皇の称号が用いられていたことは確実となった。

それにしても七世紀後半のことであったろうから、「日本」という国号も大宝令《たいほうりりょう》（七〇一年）から用いられたとすれば、中国から呼ばれていた「倭国」「倭国王」の名が通用していたのである。そうだとすれば大和王権は倭王権と称すべきであろう。従って正確には日本古代の天皇陵は倭王陵、倭国王陵と呼ぶべきなのかも知れない。わが国においては天皇陵の以前は、王陵あるいは大王陵の呼び名が通用していたのではないかと思われる。

■前方後円墳の登場

天皇・皇后・皇太后の墳墓を陵《りょう》墓《ぼ》と言い、皇族の墓地を御墓《おんはか》と言うことに決められている。奈良時代中期の七六〇（天平宝字四）年に、太皇太后《たいこうたいごう》藤原宮子《みやこ》と皇太后藤原光明子《こうみょうし》の墳墓をこの時より「山陵《さんりょう》」ということにとり決められている。

宮内庁書陵部が管理している天皇陵・皇后陵と皇室関係墓と陵墓参考地（陵墓の可能性があるとの理由で指定）は、『陵墓要覧』によると総数八百五十九基に達し、陵墓八百十三基、陵墓参考地四十六基と発表されている。八百十三基の陵墓の中でも、考古学研究で扱う古代の墳墓としては西暦三世紀から八世紀初頭に及ぶいわゆる古墳時代に属する大王陵＝天皇陵ということになる。

戦後の考古学研究の著しい進展は、国土開発に起因する大規模な発掘調査と、膨大な資料の精密な分析的研究の採用によって成しとげられてきた。一例を挙げれば列島における古墳出現年代の遡上《そじょう》がある。古墳時代の開始が従来の年代観より一世紀近くも遡《さかのぼ》るとすると、邪馬台国の女王卑弥呼が活躍する時代は弥生時代ではなく、初期古墳時代（三世紀～四世紀初頭）ということになる。

古墳時代は、古墳（前方後円墳《ぜんぽうこうえんふん》）が創られた時代を意味する、考古学上の時期区分である。前方後円墳とは、文字通り前が方形で後が円形の古墳と言うのだが、「前方後円」の語は、江戸時代の国学者で古代天皇陵を実地調査した蒲生君平《がもうくんぺい》（一七六八～一八一三年）が十九世紀初めに著した『山陵志』で初めて使用した。蒲生は、各地に残る「車塚」という名から、前方後円墳は宮車（貴人の乗る屋形車）を模倣したものだと考え、方形部分が車の前部の轅《ながえ》につける衡《くびき》を置いたようだとした。しかし、現在では古墳時代にそのような車は存在しなかったと考えられている。

この前方後円墳は日本列島の広範囲に分布しており、北は岩手県から南は鹿児島県にまで及んでいる。なかでも近畿地方を中心として分布する大型の前方後円墳の周りには、小型の前方後円墳、あるいは円墳・方墳が寄り添うように築造されており、複数の大型古墳から構成される古墳群が形成されている箇所も多い。

この古墳時代の開始を定型化した大形前方後円墳の出現をもって決めるとすれば、最近話題を集めている奈良県桜井市の箸墓《はしはか》古墳はその代表例の一基である。この箸墓古墳が存在する纒向《まきむく》古墳群を含め天理市石上神宮周辺から桜井市三輪一帯の山麓緩斜面には百数十基の古墳が分布し、大和《おおやまと》古墳群を形成している。

■誰の天皇陵なのか

大和古墳群中には衾田陵《ふすまだのみささぎ》（西殿塚古墳）をはじめ山辺道勾岡上陵《やまのべのみちのまがりのおかのえのみささぎ》（崇神《すじん》天皇陵）、山辺道上陵《やまのべのみちのえのみささぎ》（景行《けいこう》天皇陵）が存在しており、『日本書紀』『古事記』『延喜式《えんぎしき》』などには埋葬場所が記されている。

『古事記』『日本書紀』で第十代の天皇とされている崇神天皇陵は「山ノ辺ノ道」にある著名な大古墳である。『日本書紀』に「御肇国《はつくにしらす》天皇《すめらみこと》」とあり、神武天皇を始駆天下乃天皇《はつくにしらすすめらみこと》と記していることから、古代史研究者の中には崇神《すじん》天皇の三輪王朝こそ大和王権最初の首長であり、山辺道勾岡上陵こそ真の崇神天皇陵であるとする考えもある。

一方、考古学上では天理市柳本町字アンドに存在する崇神天皇陵は墳丘長二四二メートルに周濠をめぐらす三段築成の前方後円墳で、地元では古くから「行燈山古墳《あんどんやま》」と呼んでいる。『古事記』には山辺道勾之岡上陵と記し『日本書紀』では「山辺道上陵」とあり、自然の丘陵地形をよく利用して築造した前方後円墳である。墳丘長二四二メートルなので仁徳天皇陵を全国第一位の巨大古墳とすると、第十二位の規模を有している。後円部径一六〇メートル、高さ二三メートル、前方部幅一〇二メートル、高さ一四・六メートル、周濠の平均幅二五メートル、前方部側周濠の幅約七〇メートルなので、古墳の全長は約三四〇メートルということになる。

墳丘の形態や周濠の細部の特色については江戸時代の柳本藩の大修築を経ており、築造当時の形状は推測するほかはない。

崇神天皇陵（行燈山古墳）の南方約六〇〇メートルにある考古学上でも著名な天皇陵が第十二代の景行天皇陵（渋谷向山古墳《しぶたにむかいやま》）である。『日本書紀』には「山辺道上陵」とあって崇神陵と同じ陵名が付いている。墳丘長約三〇〇メートル、後円部径一六五メートル、高さ二三メートル、前方部幅一七〇メートル、高さ二三メートル。全国有数の大型前方後円墳である。

江戸時代に『山陵志』を著した蒲生君平は、現景行陵である渋谷向山古墳が崇神陵であり、現崇神陵の行燈山古墳を景行陵とした。それは陵名が「山辺道上陵」という同名だったことにより混乱が起きたのかも知れない。御陵営造当時は被葬者名も陵名ももちろん明確であったものが、律令社会の衰退、中世社会の混乱と崩壊現象は皇陵の荒廃を招き、民衆の生活からは全くかけ離れた存在となり、陵墓名まで取り違えたり祭祀停止の事態を招いたものと思われる。中世社会では合戦の城として利用された天皇陵さえあった。

■埴輪による天皇陵研究

筆者が戦後に考古学研究の道を歩き始めた頃は、古代天皇陵は歴史の流れの中で厳正に人びとの手によって護られ、その上、宮内庁の正しい治定によって全く確実なものであるという捉え方をしていた。不勉強だったのである。

ところが京都大学の梅原末治博士が宮内庁書陵部の機関誌『書陵部紀要』第五号（一九五五年）に発表した「応神・仁徳・履中三天皇陵の規模と営造」という論文は、日本古代の著名な大天皇陵の内容を科学的に分析したもので、天皇陵研究における画期的な業績であった。また、皇室が科学的研究のために、神聖な〝菊のカーテン〟のヴェールの中に閉ざされていた仁徳陵など、自らの先祖の墳墓、つまり世界的にも有名な西暦五世紀代の巨大陵墓の実態を測量図などの資料であれ公開したことに、「学問の自由」を肌で感じる思いだった。

戦争から帰ってきて「民主化」されつつあった筆者だが、私の皇室感は大揺れだった。筆者自身の研究の深化もあったが、陵墓に関する宮内庁書陵部の調査成果の発表が積極的に公開されるようになってきて、陵墓に対する関心は一層高まったのであった。

なかでも古墳上に並べ立てられた埴輪は、考古学的に大きな手がかりとなる「物証」として注目されている。日本の古墳時代に特有の素焼の焼き物である埴輪は、円筒埴輪と形象埴輪に大別され、後者は家形埴輪・器財埴輪・人物埴輪・動物埴輪に細分される。聖域を示すために並べたとも、墳丘土の崩壊を防ぐためともいわれる。古墳時代の中でも埴輪には編年の変化があり、その特徴から古墳の年代を測り、治定された天皇陵の時代と合っているかどうかの重要な検討材料となる。

仁徳天皇陵（大仙《だいせん》古墳）の墳丘や周濠から偶発的に採集された埴輪類は、宮内庁はもちろんのこと京都大学考古学研究室や東京国立博物館にさえ収蔵保管されていたのだが、民間の研究者には周知されない傾向があった。しかし現今ではそれらの資料が宮内庁によって一般に公開されるようになったことは、戦後、六十有余年考古学研究の道を歩いてきた筆者にとっては実に感銘深いものがある。

応神陵や仁徳陵が一〇〇%確実に誉田別尊《ほむだのわけのみこと》と大鷦鷯命《おおさざきのみこと》の陵墓であるという考古学的な証明は残念ながらできない。しかし馬形埴輪が出土しているから仁徳陵の年代論としては五世紀代というよりも、むしろ六世紀代にまで下げるべきだという見解も学界の中には存在した。

また梅原博士も『書陵部紀要』第五号で論及しているように応神陵の墳丘や外堤をめぐる各地点の円筒埴輪列の存在、また前方部墳頂部付近の蓋《きぬがさ》形埴輪の出土、周濠からの水鳥・蓋形埴輪の発見を伝えている。その上で『日本書紀』雄略《ゆうりゃく》天皇九年の条にある河内国飛鳥戸郡《あすかべのこおり》の人、田辺史伯孫《たなべのふひとはくそん》の説話によれば、古市へ嫁に行った娘が産んだ孫に会いに行った帰り途に、誉田《こんだ》陵の下で赤い駿馬《しゅんめ》と遇い、馬に惚れ込んだ伯孫は自分の馬と交換を頼み、駿馬で帰宅し翌朝、その駿馬は埴輪馬になっていたという。驚いて誉田陵（応神陵）へ行ってみると埴輪馬の間に伯孫の馬がいたという。

この説話から考えると応神陵に馬形埴輪が立っていたことになり、四世紀末から五世紀初頭という応神天皇の在世年期と、馬形埴輪の年代論と合致しないではないか。一九六〇年代頃までの古墳研究の常識では、馬形埴輪の登場は六世紀代になってからではないのかというものであった。従って誉田御廟山古墳（応神陵）も大仙古墳（仁徳陵）もその築造年代は馬形埴輪登場の時代まで下げるべきだという見解であった。つまり応神陵も仁徳陵も年代が合わないという否定論になったのであった。

ところが、畿内地方における古墳調査例が増大し、馬形埴輪の登場が五世紀代中葉にまで遡ることが確実となってきた。

奈良県橿原《かしはら》市四条町の四条古墳は、埴輪とともに多くの木製樹物を出土したことで有名である。四条古墳群一号・二号・七号・九号墳は、一号墳が中期末葉のほかは何れも中期後半という年代の古墳である。つまり五世紀の中頃には馬形埴輪が古墳に立てられていたということである。

奈良県大和高田市池田古墳群でも方墳の第九号墳には馬形埴輪が男子像・蓋などと共存しており、五世紀後半、須恵器のTK23型式の年代が与えられている。また奈良県桜井市小立古墳は長さ約三五メートルの帆立貝《ほたてがい》形の古墳だが、蓋・衝角付冑《しょうかくづきかぶと》・鶏形などの埴輪とともに裸馬の馬形埴輪が発見されている。この馬形埴輪の頭部は両耳から鼻先まで焼成上の黒斑がみとめられ、窖窯《あながま》焼成より以前の製作品と考えられ、中期中葉おそらく五世紀中頃の埴輪と推測される。

古墳時代の中心的な先進地域であった奈良盆地における動物埴輪の中に五世紀中頃に馬が登場するということは、すでに列島に馬と馬文化が朝鮮半島から滔々《とうとう》として流入し、馬文化は全国各地に拡散していた時期である、ということが言える。近年ではすでに四世紀後半から五世紀初頭頃の大阪湾沿岸の北河内・甲信越や北関東地方においても、馬飼育の考古学的事実が明白である。

古代日本における馬と馬文化は、四世紀終末頃までには北部九州から近畿地方には定着していた可能性が高いと考えられる。従って応神陵や仁徳陵の年代を馬形埴輪が存在するからといって、いたずらに新しく引き下げることにも問題があろう。もし応神陵の年代を五世紀前葉、仁徳陵の年代を五世紀後半代に考えるとすると、梅原論文による墳丘長四一五メートルの応神陵も、また四七五メートルの仁徳陵も日本全国一、二位の規模の大きさから考えると、五世紀の大王陵は仁徳陵（大仙古墳）であり、応神陵（誉田御廟山古墳）であるという推測もあながち否定し去ることはできない。

■箸墓古墳で何が解明できるのか

いま古墳時代研究者間での最大関心事は、古代日本における古墳の出現年代とその事情についてであると思う。定型化した大型前方後円墳の出現こそ、日本古代国家の起源に関係するという考え方、それは「初期古代国家」と限定すべきだという提案などさまざまな考え方がある。

日本最古つまり列島で最初に出現した王陵はと問えば、ほとんどの古墳研究者は奈良県桜井市の箸墓《はしはか》古墳と答えるに違いない。しかし箸墓古墳の外形的観察や墳丘から偶発的に発見された一部の土器群に関する研究はされているが、古墳の内容については全く知られ

箸墓古墳（奈良県立橿原考古学研究所提供）

ていない。

奈良県桜井市大字箸中《はしなか》にある箸墓古墳は、前方部の先端が撥形《ばちがた》に開く墳丘長二八〇メートルの大前方後円墳である。大和で第三位、全国的には第十一位の巨大古墳であり、後円部の高さが二九・四メートル、五段築成と報告されている。後円部直径が一五五メートル、前方部長一二五メートル、高さ一六メートルという数値を見ると、崇神陵（行燈山古墳）の墳丘長二四二メートルよりは遥かに大きい。後円部が二九メートル余の高さであるから現代の八階建のビルの高さに匹敵する。桜井市大字箸中付近は、昔は磯城《しき》郡《ぐん》大市郷《おいちごう》の辺りで古代の大型市場があった地域と推測する。おそらく山城地方、宇陀《うだ》地方、吉野地方をはじめ難波地方を結ぶ経済・政治上の重要幹線の拠点であったのであろう。

一九六八（昭和四十三）年の宮内庁書陵部による箸墓古墳点検の際に偶然発見された「特殊壺形土器」と「特殊器台形土器」とは、埴輪の祖形として注目され、少なくとも崇神陵や景行陵よりは先行する大型前方後円墳としてその重要性はますます重たくなったのであった。

一九九八（平成十）年に箸墓古墳の外堤から墳丘にいたる渡り土堤の調査が桜井市埋蔵文化財センターによっておこなわれた。幅五メートル、高さ一・三メートルの渡り土堤が幅一〇～一二メートルの周濠内にみとめられ、その築堤時期は布留《ふる》0式土器の時代であると発表された。布留式土器は天理市布留遺跡から出土した古墳時代前期の土器のことであり、庄内式土器に続いて出現する。橿原考古学研究所の寺澤薫氏の年代論によれば三世紀中葉前後ということであり、箸墓古墳が最古の前方後円墳として、西暦二五〇年前後という年代が与えられるならば、邪馬台国の卑弥呼の没年（二四八年頃）と合致する。そこから、白石太一郎氏が主張するように箸墓古墳＝卑弥呼の墓とする見解が多くとり上げられる風潮が生じた。なお箸墓古墳の周濠内から木製鐙《あぶみ》が出土して話題となったが、桜井市の見解では周濠内の埋土中からであり、布留Ⅰ式の時代とされ、四世紀後半に馬の存在が確認されたことになった。

墳丘長が二八〇メートルという最古の大型前方後円墳である箸墓と日本最初の大王陵（天皇陵）とされる崇神陵（行燈山古墳）との関係はどうなるのであろうか。実は奈良盆地東南部の纏向《まきむく》古墳群・柳本《やなぎもと》古墳群・萱生《かよう》古墳群・杣《そま》ノ内古墳群など総称して大和《おおやまと》古墳群と呼んでいるが、古墳群の中には有力な前方後円墳を多く含んでいる。天理市の萱生古墳群に宮内庁が陵墓として治定している衾田《ふすまだ》陵（西殿塚古墳）があり、継体天皇皇后の手白《たしら》香皇女《かのすめらみこ》の陵として治定されている。実は墳丘周辺から採集されている埴輪類の中には特殊器台・特殊壺形土器片などがあり、古墳築造年代は継体皇后陵とは全くかけ離れた古い年代が考えられる。研究者の中には箸墓古墳より古いのではないかという意見を持つ人もいる。

天理市から桜井市に及ぶ古墳群の中で天皇陵の治定を受けている古墳は北方から西殿塚古墳（衾田陵）、行燈山古墳（崇神陵）と渋谷向山古墳（景行陵）の三古墳であるが、何れも墳丘長二〇〇メートル以上の大型前方後円墳である。さらに陵墓参考地で三〇〇メートル近い大墳丘の箸墓古墳を加えると四基となるが、桜井市の南の島見山古墳群の桜井茶臼山古墳とメスリ山古墳の二基を加えると二〇〇メートル以上の大型前方後円墳は六基となる。

奈良盆地東南部に分布する古墳群の中で天皇陵あるいは皇妃陵が三基あり、陵墓参考地一基がある。メスリ山古墳は墳丘長二三〇メートルといわれ、豪華な多量の副葬品が副室の竪穴式石室内から発見され一見して天皇陵クラスの古墳のように見える。また桜井茶臼山古墳出土遺物の中には三角縁神獣鏡《さんかくぶちしんじゅうきょう》だけでも八一面中二六面を含んでいることから見れば、盗掘されているとはいえ、これも天皇陵級の内容であると思われる。二〇〇メートル以上の大墳丘をもつ古墳が六基もあって、そのうち三基しか天皇陵になっていないことは腑に落ちない気がする。

　桜井市の箸墓古墳が二八〇メートルという大墳丘を有しながら、宮内庁は倭迹迹日百《やまととひもも》襲姫命《そひめのみこと》墓として管理している。天皇・皇后・皇太后以外の皇族の墳墓を墓とする決まりから、「第七代孝霊天皇皇女である倭迹迹日百襲姫命　大市墓《おいちのはか》　奈良県桜井市箸中字茶屋ノ前」と『陵墓要覧』にあり、『古事記』『日本書紀』や『延喜式』諸陵寮にも埋葬地も墓名も記載がなく、理由はよくわからない。恐らく崇神紀十年にある「大物主神の妻となった百襲姫命が、小蛇《こおろち》に化して櫛函《くしはこ》に入っていた大物主神の姿を見破ったことに端を発した大神の行動に驚いた姫が箸で陰部を突いて死ぬ事件があった。そこで大市に葬り時の人びとが箸墓といった」という説話によったものなのであろう。

■「本物」の天皇陵はいくつ

奈良盆地東南部における有力大型前方後円墳の中で、天皇陵の指定を受けている古墳が崇神陵（行燈山古墳）と景行陵（渋谷向山古墳）と衾田陵（西殿塚古墳）の三基だけであるから、大市墓（箸墓古墳）と桜井茶臼山古墳、メスリ山古墳など墳丘規模が何れも二〇〇メートルを超す大型前方後円墳でありながら天皇陵の治定を受けてはいない。これには築造時からさまざまな事情があったに違いないと思うのだが、よくわからない。

古墳は、日本の古代国家がいつ、どのように成立していったのかを解明するうえで不可欠であることはいうまでもない。ところが、「〇〇天皇陵」とされている古墳に、本当にその天皇が埋葬されているのか、実は考古学的にはほとんど証明されていない。実際に発掘しても、すでに盗掘されていてほとんど副葬品はないのではとも言われている。天皇陵は、今日までいわゆる科学的な発掘調査（学術調査）がなされてこなかったためである。この問題については後で詳しく述べるが、私見によれば、宮内庁による天皇系図で、特に初代神武天皇から四十二代文武天皇までの陵墓でこれは真に〇〇天皇陵だ、と現時点で言えるのは十基である。

古代天皇陵の所在地と墳形・陵墓信頼度の評価

天　皇	所　在　地	墳　形	◎	○	△	●
神　武	奈良県橿原市	円丘				●
綏　靖	奈良県橿原市	円丘				●
安　寧	奈良県橿原市	山形				●
懿　徳	奈良県橿原市	山形				●
孝　昭	奈良県御所市	山形				●
孝　安	奈良県御所市	円丘				●
孝　霊	奈良県北葛城郡王寺町	山形				●
孝　元	奈良県橿原市	前方後円			△	
開　化	奈良県奈良市	前方後円			△	
崇　神	奈良県天理市	前方後円		○		
垂　仁	奈良県奈良市	前方後円		○		
景　行	奈良県天理市	前方後円		○		
成　務	奈良県奈良市	前方後円			△	
仲　哀	大阪府藤井寺市	前方後円			△	
応　神	大阪府羽曳野市	前方後円	◎			
仁　徳	大阪府堺市	前方後円	◎			
履　中	大阪府堺市	前方後円		○		
反　正	大阪府堺市	前方後円			△	
允　恭	大阪府藤井寺市	前方後円			△	
安　康	奈良県奈良市	方丘				●
雄　略	大阪府羽曳野市	円墳				●
清　寧	大阪府羽曳野市	前方後円			△	
顕　宗	奈良県香芝市	前方後円	◎			
仁　賢	大阪府藤井寺市	前方後円	◎			
武　烈	奈良県香芝市	自然丘				●
継　体	大阪府茨木市	前方後円		○		
安　閑	大阪府羽曳野市	前方後円		○		
宣　化	奈良県橿原市	前方後円		○		
欽　明	奈良県明日香村	前方後円		○		
敏　達	大阪府太子町	前方後円			△	
用　明	大阪府太子町	方墳	◎			
崇　峻	奈良県桜井市	円丘				●
推　古	大阪府太子町	方墳	◎			
舒　明	奈良県桜井市	下方八角墳		○		
皇極＝斉明	奈良県高市郡高取町	八角墳	◎			
孝　徳	大阪府太子町	円墳	◎			
天　智	京都府京都市	上円下方	◎			
弘　文	滋賀県大津市	円丘				●
天武・持統	奈良県明日香村	八角墳	◎			
文　武	奈良県明日香村	山形				●

※墳形は宮内庁陵墓図などで判断。陵墓信頼度は著者の判断による。（2015年４月　大塚初重・案）

今回、私の判断による〈古代天皇陵の所在地と墳形・陵墓信頼度の評価〉を右表で示した。

◎　疑問なしに真陵と認められる
○　天皇陵と見られるが特定陵名は疑問
△　陵墓だが異説あり
●　陵墓とは認められない

この〈評価〉は、これまで明らかにされた考古学資料の判断にもとづくもので、もちろん絶対的なものではない。今後の発掘調査によって明らかになる事実で「変更」される可能性がある。●印も現在の治定陵墓への評価であり、天皇（大王）の存在の否定ではないことをお断りしておく。

〈補論1〉　発掘考古学からみる箸墓古墳と邪馬台国論争

邪馬台国の女王・卑弥呼の墓との説がある奈良県桜井市の箸墓古墳で、二〇一三年二月二十日、日本考古学協会など十五学協会の研究者十六人が初めて立ち入り調査に入った。陵墓治定している宮内庁が調査を認めたのだ。箸墓は宮内庁が陵墓参考地として管理しており、立入禁止である。これまで考古学者は、周辺の調査を機会を捉えて進めてきても、いわば本丸に乗り込めなかった。そのことを思うと、発掘や採取はできず墳丘の最下段を歩くだけだが、古代史解明に欠かせない陵墓研究にとって大きな一歩となった。

では邪馬台国についていま何が言えるのか。この課題は案外難しい。

西暦二世紀後半から三世紀の中頃、日本が卑弥呼と呼ばれる女王の時代だったことは事実のようである。しかし、邪馬台国の所在地は未だ解明されていない。

私は考古学者であるから、考古学からの視点で邪馬台国論争を考えようとする。考古学はつねに新しい事実によって古い常識が塗り替えられてゆく。思考の基盤はあくまでも「モノ」であり、考古学的な事象である。

発掘考古学の分野では、ＡＭＳ（加速器質量分析法）による放射性炭素年代測定法の利用により、卑弥呼の時代が、従来言われてきた弥生後期段階ではなく、古墳出現期ではないかと多くの研究者が考えるようになってきた。そして、箸墓の築造の時代認識が古墳時代初期となると、がぜん当時の状況認識が大きく塗り替わっていく可能性が高くなる。近年、箸墓出現前の弥生墳丘墓《ふんきゅうぼ》の調査が山陰・北陸をはじめ瀬戸内沿岸や四国、東日本で調査されており、三世紀前半期の墓制が明確になりつつある。三角縁神獣鏡の出現以前の鏡の分布も判然としてきた。考古学上の邪馬台国時代の倭の姿が、かなり明確になりつつあるのは事実である。

■「魏志倭人伝」から邪馬台国は探せるのか

不思議なことに日本の歴史書の中には「女王卑弥呼」の名も「邪馬台国」の名も出てこない。ただし、七二〇（養老四）年に完成した『日本書紀』の「分注」に「魏志倭人伝」からの引用として、数カ所に倭国の記事があるだけである。資料どころか伝承さえもない。どこにあったかも確定しないまぼろしの国――それが邪馬台国である。

邪馬台国はどこにあったのか。その文献学的根拠とされてきたのが中国の史書いわゆる「魏志倭人伝」である。「魏志倭人伝」の文献学的解釈はさまざまで、定説はない。「魏志倭人伝」に記された邪馬台国の記述は二千字足らずで、しかもその記述はあまり正確とは言えない。「魏志倭人伝」には魏から邪馬台国に至る距離が記されているが、邪馬台国の所在地の解明をその記述どおりに求めていくと、卑弥呼の国は南九州の陸地を越えてはるか南海に達してしまうという難しい問題にぶちあたる。

江戸時代から読み継がれてきた連続式の読み方は、「魏志倭人伝」の旅程をそのまま素直に読み下した読み方である。一方、東京大学の榎一雄氏が戦後発表した放射式の読み方は、伊都国《いとこく》を中心として放射線状に各国と通じるというとらえ方で、邪馬台国を九州内に納めた。

近畿説の場合は、南へ邪馬台国に至るという記述を「東へ」の誤りだとして読み替える。あるいは九州にあった邪馬台国が東遷して大和に来てヤマト王権を打ち立てた、と解釈して所在地を比定しようとする。しかしまだ多くの研究者を説得できるほどの説も遺跡も出てきていない。

「魏志倭人伝」からは所在地を特定するには限界がある。結局「魏志倭人伝」の里程をたどるだけでは「邪馬台国」の場所は特定できない。だが、それでも「魏志倭人伝」は邪馬台国の第一級資料であることに変わりはない。興味のある方は拙書『邪馬台国をとらえなおす』（講談社現代新書、二〇一二年）に、原文読み下し文に現代語訳が付けられているので参照されたい。

簡単に述べれば、箸墓の周濠《しゅうごう》から出土の土器が二四〇年から二六〇年のあいだに収まる、とすれば、卑弥呼の死去の年代に合うだろう。しかし、遺物、遺構など、動かしがたい事実を研究の対象とする発掘考古学の観点からみると、そう簡単に箸墓＝卑弥呼の墓とは言えないのではないか。発掘考古学という実証の学問で、邪馬台国をどこまで解明できるのかを考えている。

■鉄と鏡の考古学

では、考古学的観点から、「邪馬台国畿内説」「邪馬台国九州説」の二大学説の主張を再検討してみよう。その鍵になるのが鉄器と銅鏡である。

「魏志倭人伝」には、倭人は鉄の鏃《やじり》を使うと記されているが、九州説に有利な考古学的な根拠は、鉄器の出土数が大和より圧倒的に多いということである。これが九州説の拠り所の一つとなっている。

ところが近年の鉄器出土の新しいデータによると、日本海沿岸、大阪湾岸でも発掘が多く、鉄製品の発掘例が多い。だが大和が少ない。その理由の一つは、弥生時代墳墓の発掘例が少ないからか、それとも、ほんとうに鉄製品の副葬が少なかったのかが考えられる。

一方、鉄器がほとんど出土しない場所もある。たとえば静岡の登呂遺跡や東北の弥生時代の遺跡の土壌を分析すると、土地が鉄器を腐らせる土壌であるという村上龍氏の研究発表がある。湿地帯の奈良盆地でも同様のことが言えるのか。纏向遺跡からも鉄製品の出土はない。低湿地からわずかに小高くなったところに遺跡があるので、鉄の保存環境としては非常に悪い。つまり鉄は、最近の出土例を見ると九州以外の山陰、近畿や東海、関東などでも、かなり普及していたのではないかと思う。

これらを考慮すると、鉄製品は少ない＝大和は邪馬台国ではない、との主張はもう少し慎重に検討する必要があるだろう。

鉄器の次に、邪馬台国の所在地を考えるうえで重要なのが卑弥呼がもらった百面の鏡の論争である。「魏志倭人伝」に記された卑弥呼がもらった鏡がどのようなものであったかは、邪馬台国を論じるうえで大きなテーマである。九州説・大和説の分かれ目に鏡の種類の問題がたちはだかっている。先年、発掘された箸墓古墳に先行する纏向古墳群のホノケ山古墳からは後漢代の内行花文鏡《ないこうかもんきょう》と画文帯神獣鏡《がもんたいしんじゅうきょう》が出土しており、各地の弥生墳丘墓から画文帯神獣鏡や上方作系浮彫式《じょうほうさくけいうきぼりしき》獣帯鏡の破砕鏡《はさいきょう》などが出てきており、三角縁《さんかくぶち》神獣鏡以前の後漢鏡などが列島各地から出土し、二世紀後半代の鏡として新しい問題提起となっている。

つまり、時期によって副葬されている中国の鏡が違うのであり、それが後漢鏡であれば後漢鏡を多く埋葬している九州説が有力となる。一方、卑弥呼の鏡が魏の皇帝から贈られたとすれば、その鏡は魏鏡で、三角縁神獣鏡であるはずというのが大和説の立場である。三角縁神獣鏡は大和以外の各地から五百面を超える発掘例があり、卑弥呼の鏡にしてはあまりに多くなりすぎている。舶載鏡《はくさいきょう》（輸入品）と仿製鏡《ぼうせいきょう》（国産品）の区分、鏡の形状の種類、特に三角縁神獣鏡発掘の問題、魏や呉の年号を記した紀年銘鏡の問題、これらが複雑に絡み合っている。

■土器と墓が語る邪馬台国

考古学的な手法で邪馬台国にアプローチするとなると、やはり土器との関係を問題にしなければならない。人が移動すると、生活必需品としての土器も必然的に運搬移動されていく。それが遺跡から発掘されるということである。近年まで邪馬台国は、弥生時代後期に属することだと考えられてきた。ところが、卑弥呼が王となり死去する二世紀末から三世紀中頃は、弥生後期の終末期か古墳時代の出現期にあたると思われるので、その時代の土器の分布が邪馬台国の範囲を考えるうえでのヒントになる。

さらに、遺跡発掘での出土土器における他地域からの搬入土器（外来系土器）の割合から、人やモノの交流の様子が推測できる。大きく土器群の流れとしてとらえると、近畿地方から北九州へという流れであって、反対に、北部九州や南九州の土器は河内や纒向遺跡などに流入してはいるが、その量は全く問題にならないほど少ない。

この観点からは、奈良県の纒向遺跡には日本列島内の各地から、人とモノが集まってきた痕跡がある。他地域からの土器の流入は日本最大規模である。こうした三世紀における土器の移動、搬入の事例からみると、やはり近畿地方の地域的な優位性がみられる。

■箸墓＝卑弥呼の墓の可能性

著者は、纒向遺跡が邪馬台国の遺跡かどうかの蓋然性、卑弥呼の墓としての条件が備わっているかどうかは、出土土器の年代判定、確認された建物跡の規模と内容、建物配置の計画性、周辺の古墳の年代との関係、そして、発掘調査されたホケノ山古墳と石塚・勝山古墳の事実内容について、さらに検討を加えることが必要だろうと思っている。

そのうえで、箸墓の築造年代が卑弥呼の死の年代とぴったり合っているかどうかが問題である。歴史民俗博物館が箸墓について、二四〇～二六〇年代築造説を提起しているようだが、これが正しいと言えるためには、大きなハードルがまだいくつも横たわっている。九州説の安本美典氏が提起しているという輪鐙《わあぶみ》の問題がある。この輪鐙は四世紀後半の布留1式土器とともに箸墓周濠の埋土中から出土している。布留1式土器がもっと新しい年代に編年されるのであれば箸墓＝卑弥呼の墓説は霧散する。これは東アジアの馬文化の伝播の問題を含む大きな謎である。

したがって、この年代についても直ちに決定とは考え難く、なお慎重に検討すべきではないだろうか。いまや東国、山梨県甲府盆地にさえ四世紀後半には馬が登場している。

最近の考古関係の資料を見ていけば、よほどの色眼鏡で見なければ、邪馬台国は北部九州にあったとは言えない。また纒向遺跡が邪馬台国の所在地だとも断定できない。しかし、かなり重要な遺跡であることだけは間違いない。とにかく継続的に纒向のあの四棟の建物群の周辺を掘りつづけるしかないだろう。

大和川の経済的・政治的な機能、日本海沿岸地域と近畿圏を結ぶ琵琶湖の利便性、また先進的な手工業技術の受容と拡散などに優位性を発揮した丹後地方の経済性など、王権存立の客観的な歴史的条件を考えれば、畿内地方こそ邪馬台国存在の想定地域であり、大和王権への発展が歴史的に評価できる地域であると思うのである。

しかもその流れは、倭国だけのものでもない。朝鮮半島を含めた東アジア全体の流れとしてとらえれば、邪馬台国連合の範囲は北部九州だけで完結する問題ではないのではないかという結論に行き着く。考古学的発見は明確な事実を我々に突きつける一方、実年代比定の難しさによって、新たな謎を投げかけてもくる。

第1章　神武天皇と欠史八代の天皇陵

■考古学から真実の歴史を

一九三三（昭和八）年四月、私は小学校に入学した。四年生になった三六（昭和十一）年頃から、教室正面の黒板の上の方に、神武《じんむ》天皇から始まり百二十四代の今上（昭和）天皇にいたる歴代の天皇名を書いた横長の紙が貼ってあり、毎朝、級全員が起立して「神武、綏靖《すいぜい》、安寧《あんねい》、懿徳《いとく》、孝昭《こうしょう》、孝安《こうあん》……」と斉唱した。卒業までの三年間の毎朝の行事であったから級全員が歴代天皇名を暗記したことはもちろんである。その上、神武天皇が日向を出発して東征に就いた説話を、歴史事実とする授業を受けると、子ども心に神武天皇の活躍ぶりが勇ましく建国の説話に胸躍らせたのであった。長髄彦《ながすねひこ》との戦いの最中に、一天にわかに曇って雹《ひょう》が降り、そこへ金色の鵄《とび》が飛んできて神武天皇の弓の先端に止まって光り輝いた。その金鵄《きんし》のゆえに長髄彦の軍隊は敗走したという。金の鵄など現実にいるはずがないのだが、当時は胸をワクワクさせながら話を聞いたものだ。

歴史事実について批判力のない小学生が神武天皇の存在を信じるのは当たり前のことだった。神国日本は不滅であり、いざという時には神風が吹くとは、毎日のように聞かされる言葉であって、現代社会の通念、社会常識とは全く異なった日常なのであった。

戦争の必勝を信じ込まされていた日本国民の辿った現実の人生は、いわゆる敗戦下の日本人が等しく味わった「戦いに敗けた国民の惨めさ」なのであった。

戦争が終わり上海での捕虜生活から解放された私は、真実の歴史、正しい歴史を学び直そうと思い考古学研究の道に入った。日本という国がどのような歴史の道を辿り、日本人がいかなる生き方を成し遂げて今日に至ったのか、考古学上の多くの資料から学びとりたいと考えた。

その一つの仕事として古代天皇陵を取り上げてみたいと思ったのである。

■神武天皇は実在したのか

『古事記』『日本書紀』によると日本で最初に天皇の位についたのが神武天皇であり初代の天皇ということになる。「神武」とは奈良朝後半に淡海三船《おうみのみふね》によってつけられた漢風《かんぷう》諡《し》号《ごう》であり、生前の名を諱《いみな》というが、『古事記』では「神倭伊波礼毘古命《かむやまといわれひこのみこと》」とあり、『日本書紀』には「神日本磐余彦命《かむやまといわれひこのみこと》」という。鵜葺草葺不合尊《うがやふきあえずのみこと》と玉依《たまより》姫《びめ》命の第四子として生まれ、十五歳で皇太子となった。四十五歳の時に周囲からのすすめもあって、「天下を治めるのにもっとよい土地が東方にある」とき、甲寅《きのえとら》の歳十月五日に諸皇子とともに日向を出発し舟軍を率いて東征に出発したのであった。瀬戸内海を安芸国から吉備国へと進み、やがて河内国へ上陸し陸路、生駒山を越えて大和へ入ろうとした時に長髄彦の反抗に苦戦し進めず、五瀬命《いつせのみこと》の負傷などもあり、作戦変更してやがて紀国から熊野に上陸したが容易には進撃ができなかった。たまたま熊野の高倉下という人物の夢の中での天照大神のお告げが縁となり、「八咫烏《やたがらす》」が現れ道案内をしたという。

その後、神武天皇は宇陀《うだ》から磯城《しき》へと大和路の中枢部へと進軍、長髄彦と戦うが、勝つことができなかった。先にも述べたが、この時に金色の鵄が飛んできて天皇の弓に止まって光り輝いたという有名な話がある。瑞兆《ずいちょう》を受けた神武天皇と東征軍は勢いをえてこの大和の地を平定した。こうした説話が事実の反映とは信じがたく、建国神話の一端を示しているのであろうか。

神武天皇は東征を開始してから六年を経過した時の情勢を見て、畝傍山《うねびやま》の東南方にあたる橿原《かしはら》こそ国の中央部に位置しているので、ここに都を造ることにした。『日本書紀』によれば辛酉《かのととり》年の春一月一日に橿原宮で即位している。この時が神武天皇元年である。即位後の神武天皇は論功行賞をおこない祖霊を祀《まつ》り、国中を巡幸したりして国づくりに励んだとある。

『日本書紀』によれば神武天皇七十六年春三月十一日、天皇は橿原宮で崩御、御年百二十七歳、畝傍山東北陵に葬った、と伝えている。ところが『古事記』では神倭伊波礼毘古命（神武天皇）の陵は畝傍山之北方、白檮尾上《かしのおのうえ》にありと記し、御年百三十七歳と伝え、御陵の位置と年齢の記載は記紀に違いが認められる。この違いが神武天皇陵の決定に多くの混乱を生じている。

また九二七（延長五）年に完成した『延喜式《えんぎしき》』諸陵寮《しょりようりょう》では「畝傍山東北陵《うしとらのみささぎ》」とあり、宮内庁の『陵墓要覧』でも「畝傍山東北陵」と記している。

『古事記』『日本書紀』における神武天皇陵の位置の記載に微妙な差のあることが陵墓決定に混乱を起こす要因とはなったことは間違いない。それより以前の問題として神日本磐余彦尊が日向（宮崎県）の地を発し、東征して大和王権を成立させたという説話が史実かどうか古代史研究の成果としては否定されている現実がある。考古学上、神日本磐余彦尊（神武天皇）の存在が証明されているかと言えば、否と答えざるをえない。記紀に記された「畝傍山之北方、白檮尾上」と「畝傍山東北陵」と記す神武天皇陵が現地で固定できず、江戸時代においても混乱している事実を知ると、ますます現在の神武天皇陵についても疑念を持たざるをえなくなっている。

■割れた治定候補地

考古学上、神武天皇御東征を事実として確認する調査が実施されたことがあった。太平洋戦争中の一九四三（昭和十八）年と四四（昭和十九）年にわたり、岡山県笠岡市高島の黒土《くろつち》遺跡と王泊《おおどまり》遺跡が発掘された。東京帝国大学の山内清男氏による黒土遺跡と京都帝国大学の小林行雄氏を中心とした王泊遺跡の調査であった。これは神武天皇東征の折の寄港地であり滞在地とする地元民の熱心な依頼にもとづく発掘であった。

一九五六（昭和三十一）年に刊行された『高島遺跡調査報告』の中で、京都大学の坪井清足氏は出土した縄文土器・土師器《はじき》・陶質土器・師楽《しらく》式土器などについて「まとめ」を報じた中で「王泊、黒土両遺跡の調査は當初地元の人々が寄せた所謂《いわゆる》神武天皇東征と結びつくものとした期待からすると、それとは全くかけはなれた結果に終わった」と報告している。記紀に記す神武天皇の東征を考古学上から実証できる資料は全くなかったのである。

古事記・日本書紀の神武天皇にかかわる事蹟が一種の説話であって、始祖王として実在の人物の事蹟とはとうてい見なしがたいとすれば、畝傍山東北陵と畝傍山之北方、白檮尾上御陵の存在も真実のものと見ることはできなくなる。

ところが、『日本書紀』には六七三（天武天皇元）年七月壬子《みずのね》条に壬申の乱の具体的な状況が記されている。そこでは、近江軍との戦いの過程で高市郡大領であった高市県主《あがたぬし》許梅《こめ》が神がかりしたのであろうか、三日間もものが言えなくなり、やがて生霊神のお告げだと称して「神日本磐余彦尊の山陵に馬と種々の武器を奉納するがよい」と言い出したので、早速馬と武器類を奉って許梅に山陵を参拝させた。その霊験は明らかであったという。この書紀の内容からみると七世紀後半、壬申の乱の頃に「神日本磐余彦尊陵」（神武天皇陵）が実際に存在していたとしなければならない。近江軍と大海人皇子《おおあまのおうじ》（後の天武天皇）軍との激しい戦闘は「箸陵のもとに戦う」と表現されているように、桜井市箸中にある箸墓古墳の付近が実際に戦場であったことも事実であろう。

神日本磐余彦尊の山陵が存在していたとしても、その場所の特定も難しく、その築造がいつのことか、不明なのである。考古学研究者はこの問題をどのように受けとめてきたのであろうか。

山陵の場所については、『古事記』と『日本書紀』で表現が少し異なっていて決定的な見方はできない。幕末の平塚瓢斎《ひらつかひょうさい》による『聖蹟図志《せいせきずし》』（一八五四・安政元年）には「山本村神武田《じぶでん》」とある地図上に「一説に神武堂、廟社の地、訛称神武田」と記し、図志の左上、四条村とある所にはやや大形の円墳状の図が書いてあり、上方に「今日神武陵　一説為綏靖帝陵」と記している。また図の右側、畝傍山北面と書いた山裾あたりに「此一丘御陵又丸山　神武天皇畝傍山東北陵」と記し、幕末の頃に神武天皇陵と伝える陵の候補地が三カ所はあったことになる。

天皇陵について幕末期に大きな動きがあったことに注目しないわけにはいかない。中世以来の打ち続く社会的混乱によって荒廃していた天皇陵は、陵名さえ忘れ去られる状況であった。

江戸時代に宇都宮藩の蒲生君平が自らの足で二度にわたって畿内の天皇陵を調査したことの業績はあまりにも有名である。君平の著作である『山陵志』（一八〇八・文化五年）は現地調査にもとづく山陵の変遷や特定陵墓の治定などは江戸時代の天皇陵として最高水準の業績を示したものである。現今の考古学研究に用いられている「前方後円」の名称も蒲生君平によって名づけられたことを思えば『山陵志』の重要性がさらに倍加される。

三カ所の候補地をもっていた神武天皇陵は蒲生君平の『山陵志』によれば「丸山」であったが、一八六二（文久二）年に宇都宮藩主の戸田忠恕《とだただゆき》が幕府に山陵修補の建白書を提出したことによって、文久の天皇陵修築事業は一大画期を迎えることになった。文久の修陵事業にあたっては、天皇陵研究家と称された学者たちの陵墓治定の異説があり容易に決定しがたい情勢であった。

実は江戸時代になって荒れて不明となった天皇陵を捜しあて修築するという考え方は、幕府の動向や社会の変革期の状況の中で、新しい社会通念が生起し尊皇思想が強くなっていく中で芽生えた。幕府は御陵の修築に力を注ぎ皇室との関係をより近しいものにする努力を重ねた。幕末の動乱期に対応しつつ尊皇の社会観を陵墓修築の事業の中に消化させようとする幕府側の意図が働いていたとも思えるのである。

江戸時代の天皇陵の修復事業は元禄年間に、そして享保年間、安政から文久年間にいたる四回に及んで実行された。もっとも大規模な事業となったのは文久の修築であった。この文久の修築は宇都宮藩主戸田忠恕の建白書によって開始されたのだが、もっとも難題であったのが神武天皇陵の治定であった。丸山・神武田《じぶでん》ミサンザイ（ミサンザイ＝貴人の墓を意味する）・塚山という三カ所の候補地の中から、何れを神武陵と決定するか頭の痛い問題なのであった。幕末の激しく揺れ動く社会にあって、陵墓治定は紆余曲折した。山陵奉行となった宇都宮藩の戸田大和守忠至《ただゆき》が、山陵奉行相談役・国学者谷森善臣《たにもりよしおみ》らと相談の結果、「山本村神武田」「神武田ミサンザイ」が神武天皇陵に決定したのであった。それは外池昇『天皇陵の誕生』の中で「孝明天皇の鶴の一声」と表現され、一八六三（文久三）年二月十五日と同月十七日の孝明天皇による「御沙汰書」によったものであった。

（文久三年）

二月十五日

神武天皇御陵は格別の儀に付、兆域古書の通り御修補有る可く御治定仰せ出され候事

同月十七日

神武天皇御陵の儀神武田の方に御治定仰せ出され候事

尤も丸山の方も粗末に相成らざる様取り計らい置き申すべく候事

（「戸田越前守殿上書并御沙汰書等之写」宮内庁書陵部所蔵）

（　）内は外池昇氏による。

■神武陵の政治的意図

いずれにしても、壬申の乱の時には神武天皇陵が存在していたことを認めるとすれば、その内容はともかく、七世紀以前には存在していたのであろう。考古学者の春成秀爾《はるなりひでじ》氏によれば、神武天皇陵が造営されたのは六世紀代前半の継体天皇の頃ではないかと推論している。『日本書紀』継体天皇二十四年春二月一日の詔の中で「磐余彦之帝《いわれひこのすめらみこと》（神武天皇）と水間城之王《みまきのおおきみ》（崇神天皇）以来、国政を行うために代々博識の臣たちの補佐を受けてきた」として、立派な業績をあげてきたとその功業をたたえている点を問題として、書紀の中で神武紀以外の箇所で神武天皇のことをとりあげた僅か一度だけの記述に注目し、始祖王の墳墓を登場させる状況が生まれていたのであろうとする。

ところが一九八七（昭和六十二）年秋に橿原市四条町九ノ坪で前方後方墳が調査中との連絡をうけ、周壕内から多量の木製品が出土しているというので私は見学に行った。古墳は藤原京の造営の折に墳丘が破壊されていたのだが、奈良県立医大の体育施設をつくる事前調査なのであった。墳丘長約三九メートルの前方後方墳には二重の周濠がめぐり、全形

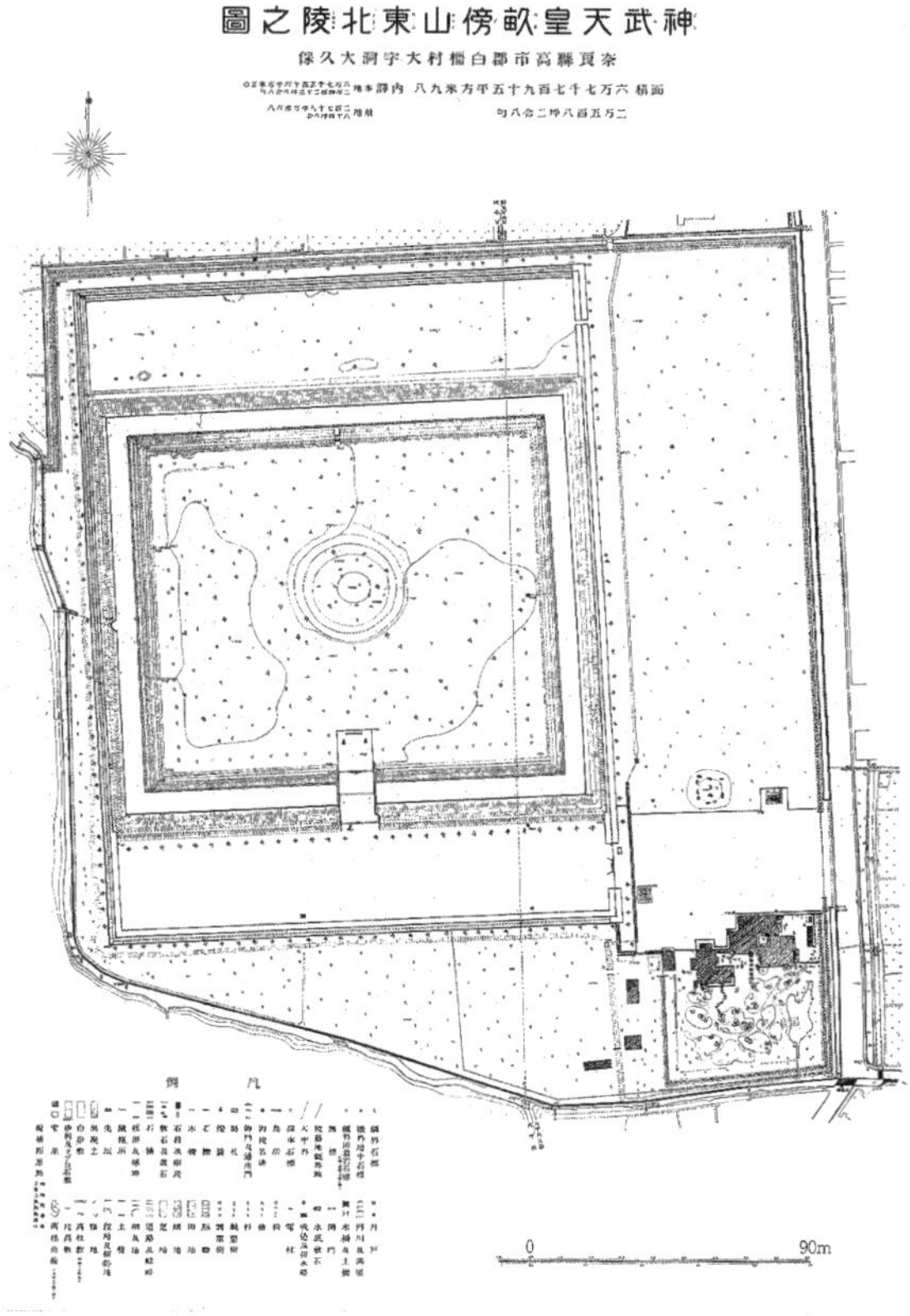

神武天皇陵外形実側図

神武天皇陵については、『日本書紀』『古事記』『延喜式』それぞれ場所の標示が同一ではない。江戸時代には「神武陵」の候補地は３カ所もあり、1863（文久３）年2月に神武田ミサンザイが神武陵に治定された。それまでは現行の「綏靖陵」の「城山」であったり、「丸山」であったりした。

現在、神武天皇の実在説は否定されており、神武陵の存在はないのだが、『古事記』『日本書紀』編纂のころは初代天皇の存在が当然の事実として語られていたのであろう。考古学上からは神武陵を真陵として確定できない。

は四八メートルと四〇メートルのやや長方形の空壕を形成していた。この多量の木製葬祭具を樹立していた四条古墳。茂木雅博氏は、神武天皇陵存在の地とされてきた現綏靖天皇陵の塚山や、神武田ミサンザイ地域とも近距離にあって四条古墳こそ五世紀末から六世紀初頭頃に築造された最初の神武陵ではないかと推測している。四条古墳の周濠内から出土した須恵器はTK（高蔵）23形式、TK47形式、MT（陶器山）15形式であり、土師器もこれらの須恵器に伴うもので四条古墳の築造年代を示すものであったとしている。茂木氏によれば、塚山・神武田ミサンザイ・丸山の地域も、この四条古墳と同一古墳群として見るべきであり、この四条古墳が最初の神武陵であった可能性ありというのである。

『日本書紀』に記す壬申の乱の折の神武陵に馬や武器類を奉納したという行為から、神武陵の存在が事実と容認できたとしても、それらは六世紀の帝記・旧辞などの編纂にかかわる始祖王としての存在を示すための陵墓造営ではなかったのだろうか。

最近の古墳時代研究の進展によって弥生時代後期後半から古墳出現に至るまでの段階が詳細に解きほぐされつつある。西暦三世紀の中頃は巨大前方後円墳の出現期にあたり、三世紀の前半期から二世紀末にまでさかのぼって大型の弥生墳丘墓の出現が認められている。大和盆地東南部における系列化した巨大前方後円墳の存在は、大王勢力の成立と台頭化を示すものと思われる。出現してきた大王の墳墓である前方後円墳へのエネルギーの結集度は並大抵のものではなく、神武田ミサンザイに造営された神武陵とは比較にならぬ大きさである。

この考古学的な事実は、現在の神武陵が政治的・社会的な意図によって造営されたものであったことは明白であり、幕末から明治時代にかけて数度にわたり立派な陵墓への衣替え営繕事業が施行されていることは、日清・日露という大戦に勝利した当時の日本人の意識の高まりによったものであったと言えるかも知れない。

■天皇の称号

古代「天皇陵」と私たちが日頃用いている用語には問題がないわけではない。天皇の称号は実は推古朝か天武朝あたりから用い始めたのであろうとは、古代史研究の世界では問題にされていたのだが、一九九八（平成十）年三月、奈良県明日香村の飛鳥池遺跡から出土した木簡に「天皇聚□（露か？）弘□（寅か？）」と読める墨書があった。木簡の中には「丁丑《ひのとうし》年十二月」六七七（天武六）年の干支記載のものがあり、伴出土器の年代は天武朝から持統朝初期に比定されるものであったから、七世紀後半に天武天皇は確実に天皇の称号を用いていたことが実証されたのであった。従って天武朝以前については推古朝まで遡りうるのか不明であるが、埼玉県稲荷山古墳出土の金錯銘《きんさくめい》鉄剣の象嵌銘《ぞうがんめい》のごとく「獲《わ》加多支鹵大王《かたけるおおきみ》」（雄略天皇）と称したのが考古学上からすれば正しい呼び方であったと思われる。

一八七三（明治六）年に発掘された熊本県江田船山古墳出土の銀象嵌大刀の銘文も、近年科学的手法による検討の結果、「獲□□□鹵大王」と読めて、これも雄略天皇のことと理解するようになった。五世紀代の後半期における九州と関東の有力な首長たちが大王のもとで杖刀人《じょうとうじん》や典曹人《てんそうじん》という職掌にあって仕えた事実が証明されたのである。

いまや三世紀後半代に大王陵（天皇陵）として相応しい巨大前方後円墳が登場している時代に、考古学的には全く年代や性格が証明できない神武田ミサンザイの神武天皇陵は、文久年間の修復以来、いくたびかの拡張・整備がおこなわれ、現在では直径三三メートル、高さ約二・三メートルの円墳が完成し陵墓の周辺には一〇〇メートルを超える周濠がめぐり、東方に存在した被差別部落であった洞村の強制移村がおこなわれもした。日清戦争の勝利を記念した整備など多額の経費を投入してきたのが神武天皇陵なのであった。

「日本書紀巻第三」は「神日本磐余彦天皇」すなわち神武天皇について「即位前紀」として出生から崩御にいたる七十六年までの諸事蹟を克明に記録し、「明年秋九月乙卯朔《きのとうつきたち》丙寅《ひのえとら》。」に「畝傍山東北陵」に葬るまでのことが実に詳細に綴られている。

これに対し「日本書紀巻第四」は冒頭に第二代の綏靖天皇から第九代の開化天皇までの

諱《いみな》と天皇名を並記することから始まる。

綏靖《すいぜい》天皇　神渟名川耳尊《かんぬなかわみみのみこと》
安寧《あんねい》天皇　磯城津彦玉手看尊《しきつひこたまてのみこと》
懿徳《いとく》天皇　大日本彦耜友尊《おおやまとひこすきとものみこと》
孝昭《こうしょう》天皇　観松彦香殖稲尊《みまつひこかえしねのみこと》
孝安《こうあん》天皇　日本足彦國押人尊《やまとたらしひこくにおしひとのみこと》
孝霊《こうれい》天皇　大日本根子彦太瓊尊《おおやまとねこひこふとにのみこと》
孝元《こうげん》天皇　大日本根子彦國牽尊《おおやまとねこひこくにくるのみこと》
開化《かいか》天皇　稚日本根子彦太日日尊《わかやまとねこひこおおひひのみこと》

■欠史八代

右の第二代綏靖天皇から第九代開化天皇までの八代の諸天皇については、記紀には天皇の代数、和風諡号《しごう》と生い立ち、即位までの事情と皇后の名、在位年数と崩年、年齢などが簡潔に記されている。

綏靖天皇は在位三十三年、八十四歳で崩じ安寧天皇元年十月に桃花鳥田丘上陵《つきだのおかのえのみささぎ》に葬ったと記されている。なお『古事記』には衝田岡《つきだの》にあると記し、『延喜式』諸陵寮では

「桃花鳥田丘上陵」となっている。この綏靖陵は中世以来の乱世の世に荒廃して忘れ去られ、元禄の幕府による修築の際には神武陵となったが、文久の修築の際には綏靖陵に改められている。一八七八（明治十二）年に綏靖陵として正式に決定されたのであった。

桃花鳥田丘上陵は畝傍山の北北東にあたり奈良県橿原市四条町字田ノ坪に位置し、地元では塚根山とか塚山と呼ぶ南面する円丘である。宮内庁の陵墓測量図によると、直径一六メートル、高さ約三メートルの円墳状であり裾部に八角形の囲いがめぐるが石垣かどうか不明であるが、やや東西に長い八角形で対角線の長さが約二〇メートルである。陵の周囲には南北約五〇メートル、東西約四〇メートルの長方形の土堤状の囲いがあり南側中央部に拝所がある。この陵墓域を二重にとり囲むように長さ南北約一三〇メートル弱と東西約五〇メートル弱の長方形の土堤状の区画施設がある。

綏靖陵の墳丘の形状・規模をはじめ諸施設が考古学上の見地から、前方後円墳の古代天皇陵の実態からきわめてかけ離れた内容を示しており、記紀の記述から「欠史八代」といわれてきたことと同様に、考古学上からは近世以降に築陵した遺構だと断じざるをえない。

『延喜式』諸陵寮に「桃花鳥田丘上陵」は兆域方一町守戸五戸とあり、『古事記』に衝田岡にありとした記述から橿原市四条町や畝傍山東北地域の円墳群が、後世に利用された場合があったかも知れない。神武天皇陵をはじめ綏靖天皇陵の治定は考古学上、信頼することはできない。

第三代の安寧《あんねい》天皇陵は奈良県橿原市吉田町字西山に存在し東西にのびる丘のように見える。『日本書紀』には畝傍山南御陰井上陵《みほどのいのえのみささぎ》とあり、『古事記』では畝火山之美富登《みほと》、『延喜式』では畝傍山西南御陰井上陵と称している。陵の近くに御陰井があって陵名の由来になったという。安寧天皇は綏靖天皇の子で母親は五十鈴依媛命《いすずよりひめのみこと》、綏靖天皇二十五年に立太子、三十三年に即位、在位三十八年で五十七歳で崩御。

宮内庁の陵墓図によると南北約二〇〇メートル、東西約九〇メートルという楕円形をした丘状地形全体を囲む陵墓区画の土堤がめぐっており、南端に拝所が設けられている。この安寧陵の形状には陵墓としての定則的な特徴は全く認められず、自然の地形も北側から高く南側が低く幅狭まになっているので、あるいは前方後円風の形態に近いという意識があったのであろうか。安寧陵も自然の形状を利用したものと言わざるをえない。

第四代の懿徳《いとく》天皇陵は奈良県橿原市西池尻町字カシの地にあって畝傍山南麓の小丘陵で安寧陵の東約二五〇メートルという近距離にある。安寧天皇の第二子にあたり、『日本書紀』では畝傍山南繊沙渓上陵《うねびやまのみなみのまさごのたにのかみのみささぎ》、『古事記』に畝火山之眞名子《まなご》谷上とあり『延喜式』では畝傍山南繊沙渓上陵と記している。懿徳天皇は父安寧天皇が三十八年に崩御したあと即位し、在位三十四年に及び七十七歳で没した。

陵墓については畝傍山の南側の山麓にあった自然地形と見られる偏円形の山丘を陵域を区画する生垣がめぐっている。宮内庁陵墓図で略測すると南北で約一三〇メートル、東西が約九〇メートルという偏円形を呈し、高さは概算でも十数メートルに達し墳丘の形態から自然の地形と見られる。一八六四（元治元）年の修陵の折に楯形の前方後円墳周濠型の垣根がめぐらされている。

第五代の孝昭天皇陵は奈良県御所市大字三室字博多山にあり、『日本書紀』『古事記』『延喜式』には「掖上博多山上陵《わきかみのはかたのやのえのみささぎ》」と同一陵名で記されている。孝昭天皇は書紀によれば懿徳天皇三十四年逝去の翌年即位し、在位八十三年で没したとある。治定されている孝昭陵は博多山と呼ぶ円丘状の自然地形であり、陵墓と認めることはできない。陵墓図によれば南北約九〇メートル、東西約八〇メートルほどの規模を有し南麓側に拝所があるが、古墳とは考えられない。

なおこの孝昭天皇陵については『大和志』や『山陵志』では、御所市大字室に所在する室大墓と里称《りしょう》する宮山古墳を孝昭陵にあてている。この宮山古墳は二四〇メートルという巨大前方後円墳であり、雄大な長持形石棺を蔵することでも有名であり、四世紀末頃の前方後円墳として年代が全く合致せず孝昭陵とは関係はない。

第六代の孝安天皇は孝昭天皇六十八年に立太子となり、諱《いみな》は「日本足彦国押人尊《やまとたらしひこくにおしひとのみこと》」という。八十三年に即位し、葛城の室の秋津島宮に都して孝安天皇となった。在位が一〇二年、百三十七歳で崩じたとある。常人の年齢としては信じがたい数字であり、とても真実の年齢計算とは思えない。陵は奈良県御所市大字玉手字宮山にある。径約一五メートル、高さ二メートル前後の円墳状の陵である。陵域を前方後円形に区画し、約六〇メートルにわたって生垣をめぐらしている。孝安天皇陵は『古事記』『日本書紀』『延喜式』の何れも「玉手丘上陵《たまてのおかのえのみささぎ》」と称し、宮内庁の『陵墓要覧』では円墳と称している。

宮内庁の陵墓測量図によると標高一一七メートルほどの丘陵先端地形を利用し、円墳状の小墳丘を取り囲むように約六〇メートル規模の前方後円形の垣根が存在する。拝所は南側すなわち前方部らしく形成した直線状の垣根の中央部分にあって、古代日本における天皇陵すなわち前方後円形をした典型的な陵墓とは、きわめて異質な形状を示している。これは考古学上の古代陵墓観からは甚だ逸脱した形態であり、とても真実の陵墓とは認めがたい。

第七代の孝霊天皇は諱を「大日本根子彦太瓊尊《おおやまとねこひこふとにのみこと》」と称し、陵は奈良県北葛城郡王寺町本町にある。『古事記』では「片丘馬坂上陵《かたおかのうまさかのえのみささぎ》」、『日本書紀』には「片丘馬坂陵《かたおかのうまさかのみささぎ》」、『延喜式』諸陵寮では「片丘馬坂陵」とあり、「兆域東西五町。南北五町。守戸五烟。」と記され『陵墓要覧』では墓形を「山形」としている。

孝霊天皇は孝安天皇七十六年に立太子、一〇二年に即位、在位七十六年に及び百二十八歳で没したと記録されているが、これも真実とは思えない。兆域は測量図に記載された面積が七九九五平方メートル八五であり、それは二四一八坪であると記載されている。現陵墓は安寧・懿徳陵などと同様に、主墳の周囲をあたかも前方後円形を意識したような外形に整えている状景は、古代から存続していたものではなく、文久年間の治定後に整備したもののように思われる。

孝霊陵は葛下川の南側丘陵の尾根上に立地しているが、存在していた小円墳をとり込んで整備したものであった。もともと実在した天皇ではなく、陵墓の治定も元禄年間に「御廟所」と言われていたことから、この地に治定したものであったと思われる。

第八代の孝元天皇は「大日本根子彦国牽尊《おおやまとねこひこくにくるのみこと》」と言い、孝霊天皇と磯城県主大目《しきのあがたぬしおおめ》の娘である細姫命《くわしひめのみこと》の子として生まれ、『日本書紀』によると孝霊天皇三十六年春一月に十九歳で皇太子になった。七十六年二月に孝霊天皇が亡くなると直ちに皇位につき、都を軽《かる》の地に移され境原宮《さかいのはらのみや》と定めたという。天皇は七年二月に皇后を迎え二男一女の父となる。大彦命《おおひこのみこと》と稚日本根子彦大日日天皇《わかやまとねこひこおおひひのすめらみこと》（開化《かいか》天皇）と倭迹迹姫命《やまとととひめのみこと》が生まれ、大彦命《おおひこのみこと》は阿部臣《あべのおみ》・膳臣《かしわでのおみ》・阿閉臣《あべのおみ》・狭狭城山君《ささきやまのきみ》・筑紫国造《つくしのくにのみやつこ》・越国造《こしのくにのみやつこ》・伊賀臣《いがのおみ》など七族の先祖として活躍したとある。

二十二年一月には次男の十六歳の稚日本根子彦大日日尊《わかやまとねこひこおおひひのみこと》を皇太子に立てている。五十七年九月に天皇は亡くなり、開化天皇五年二月に孝元天皇は剣池嶋上陵《つるぎのいけのしまのえのみささぎ》に葬っている。

陵墓は奈良研橿原市大字石川字剣池上にあり、『古事記』では「剣池之中岡上」と称している。

宮内庁の陵墓図によると剣池に突出した丘陵の先端部を利用した陵墓で、三基の古墳状に見える塚がある。一基は古くから地元で中山塚と呼ばれ前方後円墳だという。近接する他の二墳は円墳であろうか。現地踏査をしなければ古墳と見るかどうか不確実である。孝元陵については江戸時代に『前王廟陵記』などですでに取り上げられており、中山塚を含む三基の古墳が孝元天皇陵の陵域にふさわしいと考えられ、元禄年間には治定されていたのである。

〈「欠史七代」「綏靖天皇陵」〜「孝元天皇陵」〉（『「天皇陵」総覧』一九九四年六月、新人物往来社刊）というタイトルで発表された水野正好奈良大学名誉教授によれば、藤井利章氏のこの三基の古墳についての見解が紹介されている。その見解は「古墳時代中期から後期に形成された古墳群と推定できるので、中山塚を孝元天皇陵とするには疑問点が多い」

というものである。天皇陵ゆえ実地検討は不可能と思われるが、宮内庁の陵墓測量図を見る限りでは、前期古墳と断定することは困難であり、現在の考古学研究の成果にてらして考えれば、天皇陵と考えるには無理があろう。

従って『古事記』『日本書紀』など日本の古代、特に欠史八代と称する時代の天皇陵についての記述は、歴史的な考古学上の確証を示すことができず、到底実在の陵墓であったとは考えられない。

第九代の開化天皇陵は奈良市油坂町今辻子町にあって地元では「念仏寺山古墳」の別称がある。陵名は『日本書紀』では「春日率川坂上陵《かすがのいざかわのさかのえのみささぎ》」と言い、『古事記』では「伊邪《いざ》河之坂上《かわのさかのえ》」、『延喜式』では「春日率川坂上陵」とし、一六九八（元禄十一）年に後円部上を竹垣で囲み開化天皇陵と標示したと言われている。また文久三年には大規模な改修工事がおこなわれ、周濠や外堤の整備もされたという。従って宮内庁測量図に見る現況は大きくはこの文久三年の修築によったものであろう。

戦後、宮内庁書陵部は一九七五（昭和五十）年と七六（昭和五十一）年に開化天皇陵の考古学上の調査を実施した。拝所の鳥居建替えと三カ所の渡り土堤の調査であったが、発見された円筒埴輪片などから川西宏幸氏の円筒埴輪編年Ⅲ・Ⅳ期に該当し、五世紀代の中期古墳であることが明確となってきた。

開化天皇陵は前方部を南南西に向ける墳丘長一〇五メートル、後円部径五五メートル、高さ一〇メートル、前方部幅約五五メートル、高さ五メートルの中期型の前方後円墳である。渡り土堤は調査の結果、文久年間の改修時に設けたことが確認された。五世紀代の前方後円墳とすれば、崇神天皇陵に先行していたはずの開化天皇陵の年代とも合わなくなり、古墳であることは間違いはないが、開化天皇陵に考定することは不可能である。

第九代開化天皇は孝元天皇の次男であり、孝元帝二十二年春に十六歳で皇太子となり、五十七年秋に孝元帝が没し直ちに開化天皇として即位され、都を春日の地に定め、率川《いざかわの》宮《みや》を造営した。開化天皇二十八年春正月に御間城入彦尊は皇太子となり、御年十九歳なのであった。六十年夏四月に開化天皇が百十五歳で崩じ、冬十月に春日率川坂本陵《かすがのいざかわのさかもとのみささぎ》に葬られたと書紀は記している。

日本の建国の歴史を語る時に「欠史八代」という言葉が使われる。神武天皇が諸皇子とともに舟軍をひきいていわゆる「神武東征」に出発するところから、遠征軍の多くの困難、苦戦ぶり、地域の反逆など詳細な記述があり、神武天皇の即位にいたる建国の歴史が語られている。

それに反して綏靖天皇から第九代目の開化天皇にいたる歴代天皇の事蹟については、きわめて簡潔であって、生前と崩年、立太子と結婚、都宮造営の場所などきわめて限定された事項についてのみ記述されているにすぎない。いわゆる天皇としての歩み、歴史建設にかかわる事項についてはほとんど触れられていない点から「欠史八代」などという批判が起こっていたのであろう。

これに対して第十代の天皇である崇神《すじん》天皇については、「御間城入彦五十瓊殖天皇《みまきのいりひこいにえのすめらみこと》」の名のほかに天皇の国家統治の手腕を誉め讃えて「御肇国天皇《はつくにしらすすめらみこと》」の称号が奉られたのであった。

『日本書紀』などにおける「崇神紀」前後の記述内容の大落差も「欠史八代」の名の起こりとなったと思われる。

第2章　応神・仁徳天皇陵再考

■「倭の五王」との関係

日本古代天皇陵の中でも古代史研究の上でも、また考古学研究上でも、もっとも多くの話題に取り上げられるのは、第十五代応神天皇陵と第十六代の仁徳天皇陵である。ともに墳丘の巨大さと、築造年代が五世紀代に及ぶところから、中国の『宋書倭国伝』にいう讃、珍、済、興、武という倭の五王の中の讃、珍、済のいずれかの王に関係するのではないかとする問題点に絡むものであった。

大阪府羽曳野市誉田にある応神天皇陵は誉田御廟山《こんだごびょうやま》古墳と称されているが、『日本書紀』には、崩御のことのみが記され、陵墓の位置の記載はない。『古事記』には百三十歳でなくなった品陀天皇《ほむだのすめらみこと》の御陵は「河内恵賀裳伏崗《かわちのえがのもふしのおか》」にありと伝えている。『延喜式』諸陵寮の中では「恵我藻伏崗陵 軽嶋明宮御宇応神天皇北域東西五町 南北五町」と記しており、陵城の広大な情景を伝えている。「百舌鳥耳原中陵《もずのみみはらなかのみささぎ》」と称する仁徳天皇陵（大仙古墳）については、この『延喜式』では兆域東西八町。南北八町。陵戸五烟」と記しているから、応神陵とともに絶大な陵域を有していたと想定される。但し現在、応神陵に治定されている誉田御廟山古墳が考古学上、確実に応神陵に決定できるかと言えばその確証はない。

大仙陵については『日本書紀』に「仁徳天皇六十七年冬十月五日に、天皇自身で河内の石津原に出かけて、自分の陵の場所を決定した」と伝えている。「丁酉《ひのととり》の日に陵を築き始めた」と記し、突然、野原から走り出た鹿が倒れ死んだことと、鹿の耳が百舌鳥《もず》に食いちぎられていたという事件から、「百舌鳥耳原」と命名したという事情が記されている。したがって八十七年春一月十六日に崩御した仁徳天皇を「冬十月　癸未《みずのとひつじ》　朔《つきたち》　巳丑《つちのとうし》。葬于百舌鳥野陵」とあり、築造開始から約二十年を経過しており、巨大な墳丘を有する仁徳陵築造に二十年を要したと古くから言い伝えてきたのであった。

『延喜式』諸陵寮では「百舌鳥耳原中陵、難波高津宮御宇仁徳天皇　在和泉国大鳥郡　兆域東西八町　南北八町　陵戸五烟」とあるから、『延喜式』編纂時の十世紀前葉頃には、百舌鳥耳原中陵が仁徳陵、百舌鳥耳原北陵が反正《はんぜい》天皇陵に治定していたことがわかる。

　この三陵についても考古学研究上から治定に確信が持てるのかと言えば、疑問点が全くないわけではない。古墳の編年上からも現履中陵こそ仁徳陵ではないかとする石部正志氏の論考「百舌鳥三陵への疑義」（『古代学研究』五〇号、一九六八年）も存在するほどである。また百舌鳥耳原北陵は反正天皇陵に治定しているが、墳丘長一四八メートルの前方後円墳であり、やや小型に過ぎるのではないか。大王たるべき王者の陵としては、治定を受けていない墳丘長二九〇メートルのミサンザイ古墳や一八六メートルを測る御廟山古墳の方が蓋然《がいぜん》性が高いのではないかという疑念も存在する。

しかし、五世紀代における極東の一国を制する倭王の政治的な立場を理解するとすれば、『宋書倭国伝』に登場する倭王讃、珍、済、興、武の認定になお疑念が残るとしても、最近の日本考古学界では、特に王陵についての理解の深化状況から考えると、特に応神陵（誉田御廟山古墳）と仁徳陵（大仙陵）については再検討の必要性が生じているように思われる。

■天皇陵の地形図から

宮内庁書陵部陵墓課は二〇一四年九月に『陵墓地形図集成〈縮小版〉』（学生社）を刊行した。古墳時代の研究、特に陵墓の検討に際しては『陵墓地形図』の存在の重要度はいうまでもなく絶対的なものである。

大正の末から昭和初頭にかけての測量・製図がおこなわれている「陵墓地形図」は、宮内庁書陵部陵墓課の積極的な公開方針の結実によって、現今では容易に測量図を見ることができる。今回の〈縮小版〉の中で「陵墓地形図の概要――序文にかえて――」で述べているように、陵墓地形図の公開の体制は「遅くとも昭和三十九年には整備されていた」という。一九四八（昭和二十三）年以降には申請があれば地形図の印画頒布や閲覧・掲載許可をしていたとあるから、おそらく敗戦後の国情の大変化と深い関係があるのであろう。

同書には「戦後まもなく日本考古学協会に対して応神・仁徳・履中三天皇の地形図印画が頒布され」たとあるから、日本考古学協会の創立が一九四八（昭和二十三）年四月二日であるから、それ以後のことであろう。戦後派研究者である筆者などは当時、天皇陵の地形図が研究に利用できるなどということすら、全く知らなかった。

一九五五（昭和三十）年の秋であったが、筆者のもとに京都大学の梅原末治先生から「応神・仁徳・履中三天皇陵の規模と営造」と題する『書陵部紀要』第五号の論文別刷が送られてきた。「贈呈　大塚初重君」とのペン書きの署名を見て大感激したことは忘れられない。その論文中に三天皇陵の地形図が掲載され、それぞれの考古学的検討事項を梅原末治博士が、土木工学上の容積の検出を京都大学工学部の高橋逸夫教授が、墳丘葺石の石質鑑定を理学部の松下進教授が担当し報告されている事実は、天皇陵の科学的検討を実施したという点で極めて重要な歴史的意義を有している。

この梅原論文で言及された仁徳天皇陵の規模は左記のとおりである。

前後の主軸の長さ　四七五メートル
前方端の幅　三〇〇メートル
前方丘の高さ　約二七メートル
後円丘の径　二四五メートル

仁徳天皇陵（堺市教育委員会提供）

後円丘の高さ　約三〇メートル

高橋教授による墳丘総容量

現在の形状　一三六万七〇六二立方メートル

築造当時復原形　一四〇万五八六六立方メートル

また仁徳陵には墳丘の各段ごとと、周濠をめぐる中堤上にも埴輪円筒列や各種の形象埴輪がめぐっていた事実があり、推定では総数約二万個以上の埴輪数に達すると指摘されている。さらに松下教授の鑑定による和泉砂岩と花崗岩の葺石の推定総量も、仁徳陵墳丘の表面積一〇万四一三〇平方メートルと葺石の平均の厚さ二五センチメートルとして計算すると、二万六〇三三立法メートルという総量に達し、和泉砂岩や花

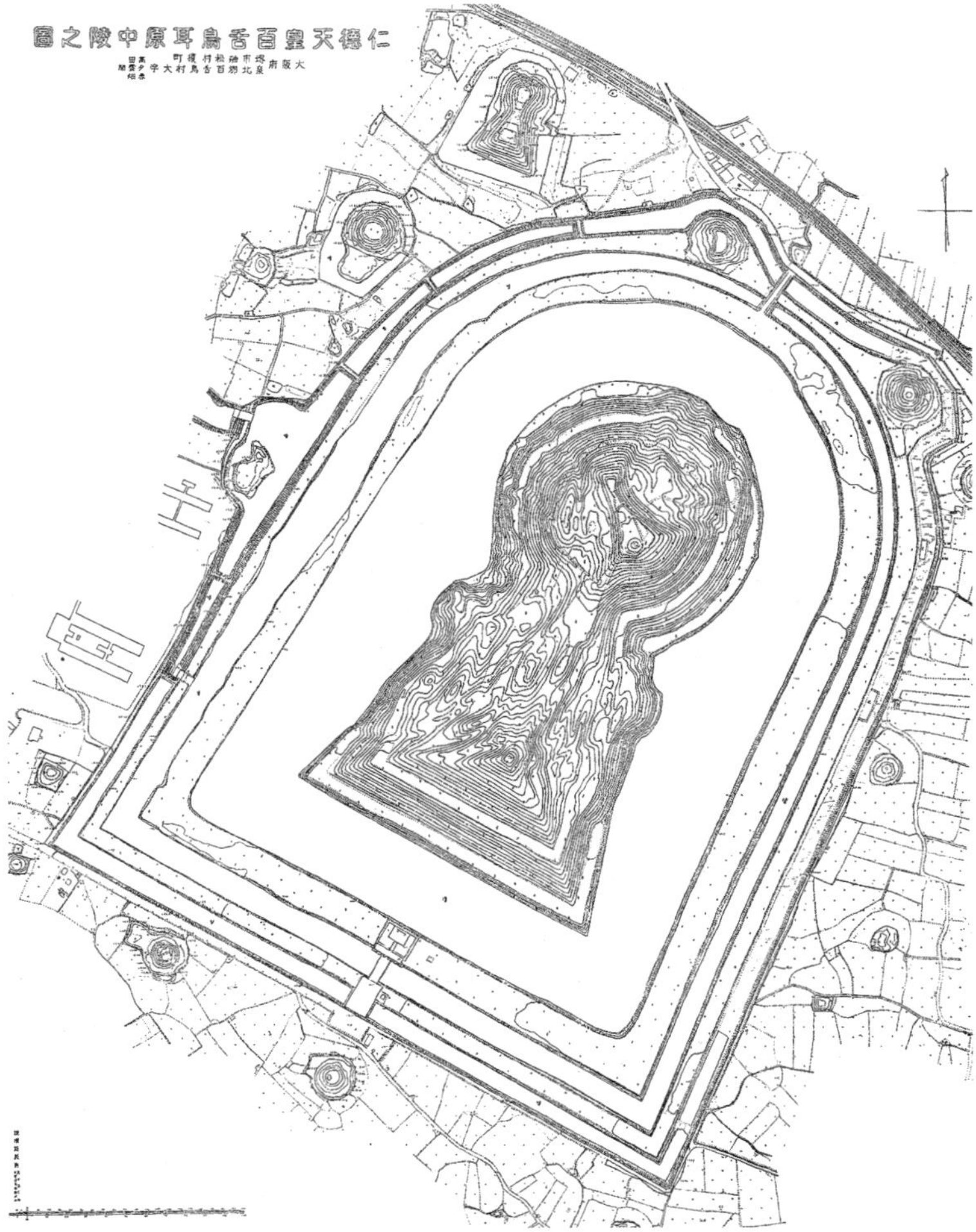

仁徳天皇陵外形実測図

崗岩の産出河川を大津川、石津川・石川に求めるとすれば、大型トラック数千台に達する量であったと推定されている。

梅原博士は同論文の中で応神陵については仁徳陵より墳丘の遺存状態がよく次のように表現されている。

前後の主軸の長さ　四一五メートル
前方部端の幅（復原幅）　三三〇メートル
前方丘の高さ　三五メートル
後円丘の径　二六七メートル
後円丘の高さ　三六メートル

高橋教授による墳丘総容量

現在の形状　一四三万三九六〇立方メートル

仁徳陵の土量より多い最大の陵である。

周濠は仁徳陵より狭く、土量を他より多く求めた。

葺石・埴輪円筒数などに仁徳陵に近い数字が計算されている。

右の梅原論文の報告値は、大正末年に完成した帝室林野局の応神・仁徳陵の地形図によったものであり、学術論文としての正確な数値は考古学界で長く引用されてきたものである。

但し、仁徳陵の墳丘の長さは四七五メートルという梅原報告値に対して、その後の堺市パンフレットや多くの研究者が採用している数値は四八六メートルであり、森浩一氏の算出によるものだが、どちらが正しい数値なのか明確ではない。おそらく墳丘裾部と周濠の水際との捉え方の差によるものと思われるが、宮内庁『書陵部紀要』の正式報告を使用しておく。

■五世紀の大王陵か

日本の古代天皇陵の中で一、二位という規模の大きさから、応神・仁徳陵が常に話題に取り上げられてきたことは事実である。戦後の考古学研究の中でも、古墳時代研究の課題は、天皇陵の真実を求めることであり、例の応神・仁徳陵の真偽についての論議であった。記紀にもとづく年代論からすれば、四世紀末から五世紀前葉に及ぶ応神天皇陵については、内部主体は未発掘で不明だったが、応神陵周辺の数基の陪塚《ばいづか》に接し中堤外側に存在している誉田丸山塚古墳は径四五メートルの円墳である。嘉永元年の発掘で、豪華な金銅《こんどう》製龍文透彫《せいりゅうもんすかしぼり》を有する複数の鞍金具や三角板革綴短甲《さんかくいたかわとじたんこう》のほか、陪塚であるアリ山古墳などから多量の鉄製武器や農工具が出土しており、応神陵の年代や性格論が論じられてきた。

丸山塚古墳からの国際交流を示す馬具の出土や応神陵からの多くの形象埴輪の発見が古墳の年代論を微妙に左右していた。

倭国における馬具の登場や仁徳陵古墳での馬形埴輪の登場によって、応神陵や仁徳陵の年代論を新しく考える風潮が、戦後の古墳時代研究に芽生え、特に仁徳陵古墳の築造年代を五世紀後半代にまで引き下げる傾向が見られた。

仁徳陵については一八七二（明治五）年九月の前方部墳丘崩壊と竪穴式石室・長持石棺と多くの副葬品発見による年代論への影響が認められた。

宮内庁『書陵部紀要』第五号による応神陵・仁徳陵・履中陵の梅原論文から六十年を経過した現在では、陵墓の墳丘論よりは埴輪円筒や形象埴輪の詳細な編年研究が進展して、古墳年代論が大きく進展し、応神陵や仁徳陵の年代について改めて再検討がなされるようになっている。馬具の存在などから仁徳陵の年代を新しくする傾向もあり、応神・仁徳陵とする五世紀代王陵論についても、その真実の姿に疑義が生じることもあった。

一方、この数十年間における古市古墳群や百舌鳥古墳群における二基の大王陵周辺の考古学調査が進展し、陪塚や周濠関係の新資料が増加し、応神陵の築造年代は五世紀前葉に、仁徳陵も応神陵に次ぐ年代と多くの研究者が考えるようになってきた。応神陵の後円部南側にある応神天皇と神功皇后を祀る誉田八幡宮境内周辺の外堤などから発見されている蓋《きぬがさ》形埴輪や靫《ゆぎ》形・盾《たて》形・家形・水鳥形埴輪などの特徴から、五世紀前半期（円筒埴輪Ⅳ段階１期）の年代を与えるようになってきた。

大阪府堺市堺区大仙町の仁徳陵（大仙古墳）に関しては一九九八（平成十）年に東側の造り出しの裾部濠際近くから、須恵器の大型甕二個体分の破片が発見された。この甕は五世紀前半頃（須恵器ON46型式）の特色を示し、円筒埴輪には横ハケが見られるが黒斑はなく窖窯《あながま》焼成によるⅣ段階２期に属することが明白である。応神陵に続いて出現した埴輪群と考えられている。

仁徳陵については、一八七二（明治五）年の前方部崩落による石室・石棺の発見と、石室出土遺物（鏡・馬具・環頭大刀《かんとうたち》）のアメリカ・ボストン美術館収蔵の件は、最近の宮内庁書陵部の徳田誠志氏の調査によって否定された（『書陵部紀要』〈陵墓篇〉第六二号　宮内庁書陵部二〇一一）。

それにしても金銅製横矧鋲留短甲《よこはぎびょうどめたんこう》・眉庇付冑《まびさしつきかぶと》やガラス容器・大刀などの石室内出土品から、五世紀代の前葉の年代を想定させた。しかも石室の位置が仁徳陵の前方部であったことから、後円部埋葬と若干の年代差を考えることも可能であった。

梅原論文で応神・仁徳陵とともに検討された百舌鳥古墳群中の履中天皇陵（上石津ミサンザイ古墳）は、堺市西区石津が丘に位置する大型前方後円墳である。

梅原論文による履中陵の規模

主軸の長さ　三六三メートル
前方端の幅　二三六・八メートル
前方丘の高さ　約二三メートル
後円丘の径　二〇三メートル
後円丘の高さ　約二五メートル
周濠の面積　九万一四八八平方メートル
総土陵　六〇万九七七九立方メートル

右の履中陵の数値は梅原博士とともに高橋逸夫・松下進両教授の協力によるものであるが、現在の関西の研究者は全長三六五メートル、後円部径二〇五メートル、前方部幅約二三五メートルとして三段築成《ちくせい》の墳丘に幅六〇メートルの楯形周濠がめぐり全国第三位の規模にあるとしている。

近年、周濠の調査などで多くの円筒埴輪や蓋形・靫形・甲冑形・家形埴輪などが出土しており、円筒埴輪はⅢ段階2期の特徴を示すことから、五世紀初頭の年代と考えられている。

応神――仁徳――履中という歴代天皇陵の治定順から見ると、すでに履中陵の考古学上の年代順の古さが指摘されており、最近の埴輪研究の成果から見れば履中陵が先行し、次いで仁徳陵という年代順になる。

研究者の中には現履中陵が真の仁徳陵であり、現仁徳陵が履中陵と考えるべきだとする見解もあるが、事実については不明である。

応神陵と仁徳陵の関係については『日本書紀』などの年代観と考古学上の年代との齟齬《そご》の点から、応神・仁徳陵とは認められないという理解が、戦後の古墳時代研究者の中には存在した。「天皇陵の治定は当てにならず」という動向であった。

戦後七十年になる平成二十年代の後半期は、古市古墳群や百舌鳥古墳群をはじめ、宮内庁書陵部による各地の陵墓の墳丘裾部崩落や周濠の崩れ防止にかかわる事前調査がおこなわれている。それによって収集された埴輪や土器類の検討が進み、詳細な円筒埴輪の研究成果が見られるようになってきた。

さらに馬具研究や馬の飼育に関係する遺跡調査も進展し、日本における馬の登場は近年では五世紀初頭から四世紀後半にまで遡《さかのぼ》ることが確実となった。古くは馬匹文化の登場は一般的に六世紀代だと考えられてきたが、現在では四世紀後半から五世紀初頭にまで年代が引き上げられてきている。

二〇一一（平成二十三）年十月に開催された大阪府立近つ飛鳥博物館の「百舌鳥・古市

応神天皇陵（羽曳野市教育委員会提供）

の陵墓古墳」と題する秋季特別展の図録の中で、同博物館館長の白石太一郎氏は、応神陵と仁徳陵について、極めて重要な発言をしている。古墳時代の先駆的研究者である白石氏は、応神陵について、後円部外域の南側に奉祀されている誉田八幡宮との関係を説き、平安時代には「八幡神は応神天皇と考えられるようになった」という岡田精司氏の主張を紹介している。その上で、十一世紀中頃に八幡宮が陵の傍らに勧進されている事実から、誉田御廟山古墳が応神天皇陵であることは疑いえない、と発言している。

この応神天皇陵から発見されている円筒埴輪が第Ⅳ段階でも初期のものであり、須恵器の編年研究の年代論や年輪年

応神天皇陵外形実測図

代論を援用しつつ、応神陵の築造年代を五世紀の第Ⅰ四半期と考え、「私は応神天皇陵古墳の被葬者が応神天皇である蓋然性は否定できない」と白石氏は結んでいる。

次いで白石氏は「応神天皇陵古墳が応神天皇陵でよいとすると」、次の大王陵は応神天皇の子息である仁徳天皇陵ということになり、円筒埴輪も第Ⅳ段階に属するが、応神陵の円筒埴輪よりやや新しい段階のものという。

畿内における古墳時代研究者の諸説の中には、昨年逝去した森浩一氏の発言の中にも、最近の考古学研究の進展度から、応神陵が応神天皇陵とする考え方が正しいのかも知れないと示唆している。

筆者は東国において古墳研究を進めてきた一人であるが、仁徳陵の馬形埴輪の存在などから、列島内における馬の登場年代を考えて、真の仁徳陵としては六世紀代にまで年代が降りることから、無理なのであろうと考えていた。

しかし、二〇一五年という時代を迎え、進展した精緻な埴輪の編年研究や、須恵器を含めた古墳時代考古学のめざましい研究成果に照らし、さらに最近の日本における馬匹文化の登場年代の古さなど事実を正しく認識すると応神陵と仁徳陵は、五世紀における大王陵として認識しなければならないと考える。

それにしても『宋書倭国伝』にいう倭の五王との対応関係や、古市古墳群や百舌鳥古墳群における大王陵の現在の治定がすべて真実であるかといえば疑念を抱かずにはおれないというのが、古代天皇陵への率直な見解であり、将来への考古学研究の一層の発展を期待するところである。

第3章　継体天皇の謎に迫る

■陵の所在地のくい違い

『日本書紀』による第二十六代の継体《けいたい》天皇（男大迹大王《おおどのおおきみ》）は日本古代史の研究上、歴代の天皇の中では謎の多い天皇と言われ、その出自について多くの関心が寄せられている。『日本書紀』によると、第二十五代の武烈《ぶれつ》天皇（小泊瀬大王《おはつせのおおきみ》）は即位八年目に崩御したが世継ぎがなく、応神天皇五世の孫で、近江国の彦主人王《ひこうしのおおきみ》の子であった男大迹命が選ばれて即位したという。母の振媛《ふるひめ》は垂仁《すいにん》天皇八世の孫で越前三国の坂中井（福井県坂井市三国町）から近江へ迎えられて妃となった。

母の振媛とともに坂中井にいた男大迹大王は大連の大伴金村らに迎えられて樟葉《くずは》（大阪府枚方市）で即位したのが五〇七年のことであった。二十年間は敵対する勢力のため大和へは入れず、山城筒城《つつき》や弟国《おとくに》の諸宮にとどまり、しばらくたって磐余玉穂《いわれのたまほ》に都を定めることができた。

『日本書紀』には、継体天皇は即位二十五年辛亥年《かのとい》二月丁未《ひのとひつじ》（七日）に磐余玉穂宮《いわれたまほのみや》で八十二歳で崩御し、冬十二月丙申《ひのえさる》に藍野陵《あいののみささぎ》に埋葬したと記されている。なお『日本書紀』では『百済本記』の記事によって辛亥年（五三一）の死としているが、別の書には甲寅《きのえとら》年二十八（五三四）年崩御とも記している。

継体天皇在位年間の六世紀前半の社会は動乱の時代であり、継体天皇二十一（五二七）年には筑紫国造《つくしのくにのみやつこ》磐井《いわい》が、新羅征討の命を受けて行動を起こした大和政権軍六万人の動きを妨害するという反逆事件が発生。いわゆる「筑紫国造磐井の反乱」として、古代史上、著名な事件となっている。筑紫国造磐井は、翌二十二年十一月に、天皇の命を受けた討伐軍の物部大連《もののべのおおむらじ》麁鹿火《あらかい》によって鎮圧された。『日本書紀』の記述では磐井の息子である筑紫君葛子《くずこ》は父と同罪の追及を恐れ、糟屋《かすや》（糟屋郡一帯）の屯倉《みやけ》（天皇の直轄地）を献上して死罪を免れようとしたという。

『釈日本紀』（鎌倉時代に書かれた『日本書紀』の注釈書）の『筑後国風土記』逸文の中では、磐井が勝利できないことを知って自ら豊前国上膳県《かみつみけのあがた》に逃げ、南の険しい山中で死んだと記している。上膳県は上三毛郡《かみつみけこおり》塔里《とうのさと》付近といわれ、現在の福岡県築上郡山国川畔近くであろうと推測されている。

近くの吉富町の垂水廃寺と大平村友枝瓦窯跡からは、新羅系の宝相華文《ほうそうげもん》の瓦が出土しており、この地域が新羅系渡来人勢力の中心地域であったと思われる。新羅と手を結んで中央政権に反抗していた磐井にとって、この上膳県は有力な支持基盤の地であったため逃げ込んだのかもしれない。火国《ひのくに》（佐賀・長崎・熊本）と豊国《とよのくに》（福岡県東部・大分）という北部九州一帯に君臨していた磐井の行動としてありうることである。

いずれにしても筑紫国造磐井の反乱は鎮圧された。

継体天皇陵は、大阪府茨木市太田三丁目にある大前方後円墳で、宮内庁の『陵墓要覧』（一九三四年）によれば「三《み》嶋《しま》藍《あい》野《の》陵《みささぎ》」と呼び、父彦主人王・妃振媛命の名が記されている。昔の地名は三島郡三島村太田藍野であった。

地元では藍野陵を太《おお》田《だ》茶臼山《ちゃうすやま》古墳と称し、江戸時代には「池の山」とも呼んでいた。

現地へ行ってみると墳丘周囲の濠には満々と水がたたえられ、住宅街に囲まれた静寂・森厳な環境を保っている。大型の前方後円墳で前方部を南東方に向け全長二二六メートル、後円部径一三六メートル、後円部高さ一九・二メートル、前方部幅一四七メートル、前方部高さ一九・三メートルを測る。墳丘は後円部四段、前方部三段の段築があり、墳丘くびれ部の両側には半円形化した造出しがある。周濠は楯形で濠幅は後円部側で約三〇メートル、前方部先端側で約二〇メートルである。後円部径と前方部幅とを比較すると僅か一一メートルほど前方部幅が広いが、全体規模から見ればほぼ拮抗した数値といえるであろう。墳丘の高さを比較すると後円部より前方部の方が〇・六メートル高いことを考えると、古墳時代の盛期とも言われる中期古墳つまり大山陵古墳（仁徳陵）や百舌鳥陵山古墳（履中陵）の時代の古墳を思わせる。

しかし、継体天皇の崩御が五三一年であり、六世紀第Ⅰ四半期の後のことであるから、文献上の事実と、考古学上の事実とは一致しないことになる。

中世社会の混乱した世相の中で古代天皇陵は荒陵となり、所在が不明確となった陵墓が多くあったと思われる。陵墓を検索し荒陵を修復し後世に伝え残すという意識は、明確には近世になってからのことであった。陵墓の探索や治定が活発におこなわれるようになると、学者間における見解の相違が生まれたり、陵墓治定は容易ではなかった。

一六九六（元禄九）年、大坂出身の漢学者で医学者でもあった松下見林《まつしたけんりん》が『前王廟陵記』を著し、その中で摂津三島の島下郡にある太田茶臼山古墳が「三嶋藍野陵」であると治定した。また、これに続いて下野宇都宮藩の尊皇論者・蒲生君平は一八〇八（文化五）年に、山陵探索の成果として『山陵志』を刊行し、君平もこの書の中で太田茶臼山古墳が継体天皇陵であることを論じた。ただし、その際に君平は別記として次のようなことを書き、藍野陵の所在地を問題としている。「三嶋は、今割れて上下二郡をなす。上島と曰い、下島と曰う。藍野陵は乃ちその交に在り。而れども、隷《つ》くところはこれ下島なり」

現在の継体天皇陵は摂津国の旧島下郡太田にあるが、九二七（延長五）年に編纂された『延喜式』諸陵寮には「三嶋藍野陵磐余玉穂宮御宇継体天皇在摂津國嶋上郡兆域東西三町南北三町」と記されていて、古代と現代とでは陵墓の位置が違っている。

この陵墓所在地の違いは木村一郎氏が『歴史地理』三巻二号誌上（一九〇三・大正二年）

でその問題点を指摘して以来、多くの検討がおこなわれた。その結果、『延喜式』に継体天皇陵は島上郡にあると記されていることの正当性が立証され、三嶋藍野陵が島下郡太田に存在することはありえないことになった。

考古学上の検証では、京都大学の梅原末治氏が一九一四（大正三）年に現継体陵の高さが『扶桑略記』記載の「高三丈」という数値と合わないことを指摘している。もっとも決定的な考古学上の事実によって現継体陵治定の誤りを明白にするのは、一九四五年以後のことになる。

■百年古い古墳

太平洋戦争終結後の日本考古学は、戦前・戦中の皇国史観にもとづく歴史教育の呪縛から解き放たれて、特に古墳研究の分野では陵墓をはじめとする前方後円墳の築造企画研究などが積極的に取り上げられた。

上田宏範氏によって一九五〇（昭和二十五）年に発表され、墳丘長、後円部径と前方部長、前方部幅の比率を型式学的に分類編年する墳丘の変化追究は、前方後円墳の精緻な編年研究を大きく前進させた。その成果に照らせば、三嶋藍野陵は五三一年に崩御した継体天皇の陵であるから、六世紀第Ⅱ四半期の墳墓ということになる。生前から寿陵として築造されていたかも知れないが、藍野陵とされる太田茶臼山古墳ではその点は不明である。ところが、上田氏の前方後円墳計測システムで三嶋藍野陵を分析すると、墳丘の形態が示す特徴は五世紀の允恭《いんぎょう》天皇陵に類似していて、現三嶋藍野陵が継体天皇の崩年である五三一年という六世紀の半ば近くの築造とはとても考えられないことになった。つまり現在、継体天皇陵とされている太田茶臼山古墳は、考古学上では天皇が崩御した年よりおよそ百年ほど古い古墳だと判明したのである。

■円筒埴輪の研究から

戦後の古墳時代研究で埴輪の研究は著しく進展した。特に多くの古墳にみとめられる円筒埴輪の破片はもっとも普遍的な資料で、墳丘で採集できる場合がある。

一九七八（昭和五十三）年に川西宏幸氏が『考古学雑誌』六四巻二号に「円筒埴輪総論」を発表し、円筒埴輪の製作技法を五段階に分類し、第一期から五期までの詳細な変化と編年論を発表した。古墳の墳丘に樹立された円筒埴輪は千数百年という年月の間に倒れ、あるいは壊れて破片となって埋まっている。墳丘を歩けば大小の破片を採集することもできるので、埴輪片の特徴からある程度、古墳の築造年代を推測することが可能になった。この研究成果もさらに詳細に検討され、全国的な古墳の編年研究に有効な方法となっている。

ところで大阪府茨木市の三嶋藍野陵（太田茶臼山古墳）については、二〇〇二（平成十四）年十一月に宮内庁が墳丘修築に際して陵墓限定公開を実施し、墳丘裾に設けた三十カ所のトレンチ調査を十四学会の代表研究者に公開した。その際にトレンチ内に出土していた円筒埴輪は、五世紀半ば頃の特徴を示しており、古墳時代後期の継体陵の埴輪とは形式が異なり、年代が古すぎることが判明した。

一九八六（昭和六十一）年五～六月に宮内庁による周濠の整備工事（波浪による浸食を直す）がおこなわれ、外堤内法裾《うちのりすそ》に二十五本のトレンチを設定した。『書陵部紀要』第三九号（一九八八・昭和六十三年二月）によると第十五号と十六号トレンチ内から「埴輪のみが重なるように出土した」という。同報告によると埴輪片の出土量は二二四一個に達し、普通円筒埴輪・朝顔形埴輪のほかに、家形埴輪、甲冑形・馬形・水鳥形などが出土している。特に円筒埴輪は突帯が四本以上、高さ五五センチメートル、円形透孔を有し、胴部外面の調整痕はB種横刷毛目《よこはけめ》である。甲冑埴輪は地板に三角板を表現し、草摺《くさずり》には革紐で連綴した表現がある。また冑は小札鋲留式眉庇付冑であり、水鳥形埴輪は首から上を欠いているが、体部は保存状態がよく、大阪府堺市ミサンザイ古墳出土の水鳥形埴輪に近似しているという。

以上のような三嶋藍野陵の外堤内法裾のトレンチ発掘で、とくに後円部北東側付近なので、外堤上に埴輪列が存在したことは確実であろう。さらに円筒埴輪のB種横刷毛技法が存在し、さらに三角板革綴短甲・草摺を表現した短甲埴輪の存在は、五世紀でも前半期の古墳であることの証拠となるものである。したがって、埋葬施設が不明でも、同古墳は真実の継体天皇陵とは年代が合わず、百年ほど古い五世紀前半代の古墳と考えるべきだと思う。

そこで再度、継体天皇の崩御のことを確認すると、『日本書紀』では天皇は二十五年春、重病になり春二月七日に磐余玉穂宮で崩御したと記し、冬十二月五日に藍野陵に葬ったとあり、この年は辛亥《かのとい》年（五三一）に当たる。また書紀には続いて「或本云。天皇廿八年歳次甲寅（五三四）崩。」とあって、五三四年とする説もあったことが分かる。『日本書紀』では「藍野陵」と記し、『古事記』には「三嶋藍野陵」、『延喜式』には、「三嶋藍野陵」の名が採用されている。元禄期に太田茶臼山古墳が継体陵に治定され、幕末の一八六一（文久元）年に拝所が整備され、一八八四（明治十七）年から旧宮内省が管理するようになって今日に至っている。

■今城塚古墳が真の継体陵か

現在の継体陵（太田茶臼山古墳）は全長二二六メートルという前方部を南に向けた大前方後円墳である。東方一・五キロにある大阪府高槻市今城塚《いましろづか》古墳は一九〇メートルであり、太田茶臼山古墳がより大形なことも、昔の人たちが同古墳に優位性を認め、関心を強く働かせることにつながったのではないだろうか。

摂津の三島地方では大阪府茨木市の太田茶臼山古墳（現継体陵）と高槻市の今城塚古墳が、二〇〇メートル前後の巨大古墳として注目されている。『延喜式』には「摂津國嶋上郡にあり」と記されているが、米田雄介編『歴代天皇・年号事典』（吉川弘文館、二〇〇三年）によると、『徳川実紀』では所在不明であり、享保の陵改めで決定した経緯があり、現存地の茨木市太田三丁目は江戸時代後期には旧島下郡内となり『延喜式』の所在と異なる事情を解説している。島上、島下郡の境界がどこにあるかによっても、また解釈が違ってくる点もあり、時代よって郡界の山にあるのか、安威川になるのか、断定しがたい点があると示唆している。

「今城塚」はその名が語るように戦国時代に城砦として利用された古墳であり、現地に行くと墳丘と周濠まで形状が大きく変化していることに気付く。今城塚古墳は墳丘長一八六メートル、後円部直径一〇〇メートル、高さ二一メートル、前方部幅一四一・五メートル、高さ一二メートルで、築造時には二子山のような形状で明らかに後期形式の大前方後円墳であった。そして一九五八（昭和三十三）年に国史跡となり、高槻市教育委員会が一九九六（平成八）年から保存と公開のための継続調査を開始したところ、重要な発見が相次いだのである。

『日本書紀』や『延喜式』の記述からみると、大阪府島上郡（現高槻市）に存在する約一九〇メートルの今城塚古墳の方が、継体天皇陵とするのに理にかなっている。加えて発見された埴輪からみれば現継体陵（太田茶臼山古墳）は築造年代が約八十〜百年ほど古すぎることになる。高槻市による今城塚古墳の調査は測量調査から始められ、二重の周濠を含めた全長が三五〇メートル、全幅三四二メートルという壮大な古墳の規模が確認されている。それとともに内濠をめぐる内堤各所に埴輪列がめぐり、墳丘北側内堤中央部には、わざわざ堤の幅を八メートルほど拡張して全長六五メートルにわたって埴輪祭祀場を設けていることが確認された。

二〇〇二（平成十四）年の長方形の張り出し部の調査によって、この埴輪祭祀場は内堤や外堀を築造した後で、新しく張り出し部分を造成したことが判明した。この張り出し拡張部から多数の形象埴輪が発掘され、綿密な調査によって、これまでに家形埴輪十八棟、柵形埴輪二十四個、門形埴輪二個をはじめ、蓋《きぬがさ》、器台、甲冑《かっちゅう》、大刀、盾、靭《ゆぎ》などの器財埴輪が三十二点も含まれていることがわかった。

また人物埴輪も武人四体、鷹匠《たかじょう》二体、力士四体、冠帽男三体、座像男子四体、巫女《みこ》八体、そのほか不明の五体を含め二十八体が存在した。さらにこれらの埴輪に加えて馬、牛、鶏、水鳥など合計百三十六点以上が確認された。動物の中でも馬八頭、水鳥十三羽などの数量は一古墳に設けた埴輪量の多さでは群を抜いている。

周濠の中堤の張り出し部分が東西六五メートル、南北一〇メートルもあり、柵形埴輪によって東西方向を四区画、埴輪祭祀場一～四区とする各区の埴輪の種類が祭祀形態を示すものとして注目された。このようにスケールが大きく、区画ごとに個性が見られる埴輪群は、戦前・戦後を通じ、考古学上初めての発見例であると言えよう。

形象埴輪群のほとんどは北側の外濠方向や西側の前方部を向いて配列されており、埴輪祭祀の空間が墳丘すなわち神聖な墓域を厳重に画する意義を有していたようにも思われる。一九七八（昭和五十三）年にはこの張り出し部の埴輪祭祀場の第三区付近から、高さ一・七メートルという日本最大級の家形埴輪や立派な武人埴輪が出土していたことを見ると、今城塚古墳の墳墓としてのスケールが極めて大きく、六世紀前半の有力な首長墳として、大王陵の埴輪祭祀の実態を示したものであったろう。

今城塚古墳埴輪祭祀場（上）**と石室基盤工**（下）
（高槻市教育委員会提供）

二〇〇五（平成十七）年の調査で後円部一段目のテラス面から発見された円筒埴輪は突帯が七本あり、その間隔は八段になる大形の例で、大王陵クラスの円筒埴輪として存在が注目された。つまり継体天皇崩御の五三一年に合う六世紀前半期の陵墓としては、三嶋藍野陵は年代が古すぎることになる。これは考古学上の埴輪研究の結果に照らしたことなので、五世紀後半代まで新しくならず、西暦四〇〇年以前にまで年代が遡ることはあり得ないという結論である。四、五、六世紀と変化する埴輪の種類と形態および製作技法の研究は極めて精緻になっているので、この年代観が大きく変わることはないと思う。

したがって三嶋藍野陵と治定された継体天皇陵と断定はできず、築造年代が違う点から改めて陵墓治定を考え直す時であると思う。

しかし現継体天皇陵は地元でも太田茶臼山古墳として守り続けてきた二二六メートルの、全国巨大古墳の中でも第十七位にある、摂津でも一、二位となる大型古墳である。

太田茶臼山古墳が継体天皇陵とすると、『日本書紀』や『延喜式』などの検討から、島上郡＝現高槻市にある今城塚古墳こそ、五三一年に崩御した継体天皇の真陵となる可能性が高いと考える。

第4章　継体天皇皇后陵――衾田陵の謎

■手白香皇后陵とは

継体天皇は、応神天皇五世の孫として越前（福井県）の地から迎えられ、苦難の道を歩いて皇位についたとして古代史研究上では注目を浴びている。

『古事記』下巻によれば、袁本杼命《おおどのみこと》と呼ばれる継体天皇は意富祁天皇《おほけのすめらみこと》とあり、『日本書紀』には億計《おけ》天皇（仁賢天皇）の第三皇女である手白香皇女《たしらかのひめみこ》を皇后にしたと記されている。

手白香皇后陵については、平安時代の九二七（延長五）年に編纂された『延喜式』諸陵寮の中で次のように記されている。

衾田《ふすまだ》墓　手白香皇女。在大和國山邊郡。兆域東西二町。南北二町。無守戸。令山邊道《やまのべのみち》勾岡上陵《まがりのおかのえのみささぎ》戸兼守。

また昭和天皇の武蔵野陵にまで及んでいる近年の『陵墓要覧』（二〇一二年）によると、

継體天皇　三嶋藍野陵《みしまのあいののみささぎ》　の項に並んで次のように記している。

皇后　手白香皇女　衾田陵《ふすまだのみささぎ》　奈良県天理市中山町
前方後円　仁賢天皇・皇后春日大娘皇女

右の手白香皇后陵については『古事記』『日本書紀』ともに記載はなく、『延喜式』に伝える内容が唯一の記録というべきであろう。所在地については「大和國山邊郡」とあり、山邊道勾岡上陵すなわち崇神天皇陵（行燈山古墳）の陵戸に兼ね守らせるとあるので、崇神・景行天皇陵の近傍にあったのではないかと思わせる。

手白香皇后は継体天皇の大后とも記されており、継体天皇の没後が五三一年であることから考えると、手白香皇后陵は六世紀中頃の営造と推測される。

この衾田陵はほかの多くの古代陵墓と同様に荒廃した中世社会の状況から、陵名・被葬者名をはじめ所在不明となったものと思われる。荒廃した陵墓は社会から忘れ去られ歴代天皇陵の治定《じじょう》はもちろんのこと、皇后陵などについてはさらに遠い存在になっていたのではなかろうか。

不明となっていた陵墓の探索は江戸幕府によって開始されるが、近世社会の学問への関心の高まりや、民衆の歴史意識への回帰が、陵墓治定への方向性を高めたものであった。

元禄年間には奈良町奉行による陵墓探索と修築の成果が一六九九（元禄十二）年十一月

に『歴代廟陵考』としてまとめられている。こうした社会的な気運はさらに江戸時代後期にも引き継がれ、蒲生君平の『山陵志』が一八〇一（享和元）年に刊行される。

天皇陵についての解明は積極的な一面を有するが、皇后陵については不明な部分が多い。江戸時代の竹口英斎『陵墓志』（一七九四・寛政六年）には、天皇陵以外の皇后陵などの墳墓の治定がおこなわれている。この『陵墓志』の中では衾田陵を取り上げ、現在の奈良県天理市中山町西殿場（大和中山村字殿墓）を手白香皇后陵としている。一八七六（明治九）年に教部省は正式に衾田陵として継体皇后陵を認めたのであった。

■異論続出の衾田陵＝継体皇后陵

この衾田墓については年代論にも異論があって、確実に継体天皇皇后陵とは決定しがたいことから、旧字名によって西殿塚古墳と命名されたのであろう。

近年、考古学研究の分野ではこの衾田墓＝継体皇后陵について多くの疑念が抱かれている。特に西殿塚古墳として推測される築造年代と、継体天皇皇后の陵墓とする年代論とは全く合わず、この西殿塚古墳は約三百年近くも年代が遡る出現期古墳ということになっている。

以下、その考古学的な事実を披瀝しよう。

手白香皇后陵（衾田陵）＝西殿塚古墳は、天理市から桜井市へと続く龍王山塊から西に続く山麓の傾斜変換点付近に立地する大型前方後円墳である。

墳丘の長さ二一九メートル、後円部径一三五メートル、前方部幅一一八メートル、標高一二五メートルの尾根上に立地し、前後両丘の比高差は八メートルで、前方部を南に向けている。墳丘長が二〇〇メートルを超す大型前方後円墳は、奈良盆地東南部では桜井市箸墓古墳を筆頭に、行燈山古墳（崇神天皇陵）・渋谷向山古墳（景行天皇陵）ほか桜井茶臼山古墳・メスリ山古墳など計六基が存在するにすぎない。

この奈良盆地の東南部は、天理市から桜井市にいたる前期古墳の集中分布地域であり、纏向地域には最古の前方後円墳とされる箸墓古墳を含むことから、大和王権成立の地として常に話題とされてきた地域なのである。二〇〇メートルを超える大前方後円墳の西殿塚古墳が、紛れもない継体皇后陵であるのならば、三世紀代から四世紀初頭にかかわる前期古墳集中地域に、一基のみ六世紀代の後期前方後円墳が分布する状況は注目しなければならない。

古墳時代でも前期の天皇陵の所在について皇后陵を何処に求めるのかは明確ではない。皇后の出身地が選ばれるかとの見解も直ちに従うことはできない。

ところがこの衾田陵が、実は最古の前方後円墳である桜井市の箸墓古墳に匹敵するほど古いことが一九八九（平成元）年、宮内庁書陵部の調査で確認された。それらの報告は『書陵部紀要』第四二号（一九九一年）に収載されている。その報文によると袞田陵は傾斜地に築造された前方後円墳で西側墳丘裾部と東側裾部とでは約一三メートルの比高差があり、墳丘の西側裾部には「テラス状の拡がり」など特異な形を示す部分があるため、墳丘段築の状況や裾部の拡がりの実態を示す資料収集という学術上の目的による調査なのであった。

その結果、墳丘西側の最下段の広い平坦地、最大幅約二七メートルは墳丘の基段となるべき平面であり、後円部三段、前方部三段の段築《だんちく》が確認されている。さらに墳丘について特筆すべき状況は、後円部と前方部の墳頂部に方丘状の施設が存在することであった。後円部上には截頭角錘状《さいとうかくすいじょう》の土盛りがあり一辺約三五メートル、高さ二・六メートル、上面では東西二〇メートルを測り、その方丘上面の中央部には東西方向に長さ六メートル、高さ二〇センチほど盛り上がっている部分があり、調査者は竪穴式石室の存在を考えている。

前方部の墳頂部にも後円部と同様に方丘が存在し、一辺二二メートル、高さ二・二メートルで斜面には葺石《ふきいし》が認められている。頂部には扁平《へんぺい》な玄武岩の割石が散乱していたという。後円部方丘上にも玄武岩割石が存在しており、竪穴式石室の存在を推測させたが、前方部にも別の埋葬遺構が存在している可能性があると思われる。

出現期の前方後円墳の後円部墳頂と前方部上にも方形の土壇《どだん》状遺構が存在することは、桜井市箸墓古墳においても知られている。奈良県桜井市外山《とび》茶臼山古墳の後円墳の後円部では、方形にめぐる丸太垣列と儀器として供献された二重口縁の底部穿孔壺形土器の方形列が調査されている。

おそらく前期古墳の中でも出現期の大型前方後円墳の中には、こうした墳頂部に方形あるいは円形の土壇状遺構が設けられていたのであろう。

衾田陵について継体天皇皇后陵とする従前の考え方では、考古学資料の年代観と全く合致しないことは、これまでの墳丘に関する諸特徴にあらわれていて、六世紀代の後期古墳でないことは確実なのである。ところが『書陵部紀要』第四二号の報告にあるように、一九八九年の調査の際に「墳丘各所で一〇〇点余りの遺物を採集・取得することができた」のである。加えて「昭和四十六年十月（一九七一）に後円墳頂部で表採された」遺物二〇点と併せて報告したいと記しているので、衾田陵（西殿塚古墳）からは表採（表面採集）で築造年代を推測しうる良好な考古資料が発見されていたのである。

最近の古墳時代研究の動向では、弥生時代の後期も後半期になって古墳出現の社会的動向が激しくなり、列島内の人やモノの動き、つまり移動・移住を認めざるをえないような変化状況が各地で発掘されている。二〇〇メートルを超えるような巨大な前方後円墳の出現が、政治的な王権を掌握した集団、たとえば大和王権の成立を物語る考古学的事実だと認めるのならば、奈良県桜井市箸墓古墳は二八〇メートルという大規模な前方後円墳であり、纏向古墳群を基盤に登場した大和王権最初の大首長であったと考えるならば、日本における最古の大前方後円墳となる。

■土器類の出土から年代が

箸墓古墳については宮内庁『陵墓要覧』によれば大市墓とも称しており、孝霊《こうれい》天皇皇女の倭迹迹日百襲姫命《やまとととひももそひめのみこと》墓となっている。この箸墓古墳は陵墓参考地の治定をうけているが、二〇〇〇（平成十二）年秋の関西地方を襲った台風のため、墳丘の樹木が倒れ根起きするという災害が発生した。この折に樹木の根とともに墳丘各所に埋置されていた多くの祭祀用に供献されていた土器類が出土し、書陵部報告によれば約三千五百点の土器破片があったという。

発見された土器資料は、箸墓古墳の築造年代をより詳細に決定することを可能にした。すでに宮内庁書陵部に収集されていた衾田陵の百二十点余りの土器資料は詳細に箸墓古墳出土土器と比較検討されることになったのである。

衾田陵（継体皇后陵）から発見され宮内庁書陵部に収蔵されている出土土器は、特殊器台形土器・特殊器台形埴輪と特殊壺形埴輪と呼ばれているものである。はからずも台風によって偶然出土した箸墓古墳の土器資料と極めて短い時間幅の中に収まる同時代的な関係を示す土器だったのである。

衾田陵の土器が形式上、箸墓古墳の土器と近似しているということは、衾田陵の築造年代が箸墓古墳の年代に極めて接近していることになる。箸墓古墳の年代は現在、考古学研究者の中で完全に一致しているわけではない。二五〇年頃とする研究者が多いが、中には三世紀前半にまで年代を古く考えるか、あるいは三世紀後半まで年代を下げようという人もいる。筆者は三世紀中頃とする考えだが、この年代観は邪馬台国問題に関係するのでなお議論は続くと思われる。

この特殊器台形土器・特殊壺形土器をはじめ特殊器台形埴輪と称する考古学上の問題は、岡山県の吉備《きび》地方を中心に成立し、弥生時代後期の一般集落遺跡からの出土例はなく、後期後半期の墳丘墓と呼ぶ首長墓に供献された葬祭用の土器として存在する。

特殊という言葉が付くように高さ一メートル前後の円筒状の器台の口縁部と裾部が垂直に立ち上がり、胴部には数本の突帯がめぐり、突帯間には三角形や巴形の透かしがあり、孤帯文の原形となるようなＳ字状文や綾杉文などが細い線刻によって充塡《じゅうてん》される。

衾田陵の出土壺形土器縁部写真（宮内庁『書陵部紀要』第42号、1991年より）

特殊壺形土器も胴部に数本の箍《たが》状の突帯を有し底部穿孔《せんこう》で頸部の太い二重口縁の土器であり、通常の生活用土器とは異なるところから特殊という言葉が付いている。弥生時代後期後半期に出現し次第に形態を変化させて、後期終末から前方後円墳成立期には特殊器台形埴輪あるいは特殊壺形埴輪へと変化する。こうした現象を把握した近藤義郎・春成秀爾の両氏は一九六七（昭和四十二）年に「埴輪の起源」（『考古学研究』一三巻三号）を発表して、古墳の円筒埴輪や朝顔形円筒埴輪の起源を論じた。

瀬戸内地方の吉備で成立したと考えられてきた特殊器台や特殊壺が、島根県出雲市の西谷三号墳丘墓などからも発見された。しかも吉備地方の特殊壺・特殊器台と密接な関係のもとに出現してきたことが明確になるにつれ、弥生時代後期後半段階における山陰地方の出雲と瀬戸内地方、特に吉備地方社会との葬送儀礼・葬祭を通じての社会的・政治的に密接な関係のあることが判明してきたのである。

岡山県倉敷市楯築弥生墳丘墓《たてつきやよいふんきゅうぼ》の調査が進行するにつれて、これら特殊壺形土器や特殊器台形土器の出土例が岡山県を中心として増加し、特殊壺・特殊器台にも形式変化が認められ、やがて埴輪化することが認められた。弥生時代後期後半から終末期に及ぶ墳丘墓の出現が、瀬戸内沿岸地方のみならず山陰・北陸など日本海沿岸地方へ、さらに播磨《はりま》・攝津《せっつ》地方から讃岐《さぬき》・阿波《あわ》地方など近畿・四国の一部に至る広汎な地域に墳丘墓が登場する事実が知られるようになってきた。

奈良県天理市の衾田陵から桜井市箸墓《はしはか》古墳と同類の特殊器台形土器と特殊壺形土器が出土しているだけでなく、両方の古墳からは破片資料であるとしても、特殊器台形埴輪や特殊壺形埴輪が出土していることは、瀬戸内地方や山陰出雲地方の特殊器台・特殊壺を起源として生成したものであることは否定できない。

箸墓古墳は日本最古の大型前方後円墳としても、研究者の中には衾田陵＝西殿塚古墳の方が先行するという見解も存在し、箸墓古墳と衾田陵出土の土器の詳細な比較研究が必要となろう。宮内庁書陵部紀要の報告の中では、衾田陵の発見土器の方が箸墓出土の土器より古いと断言はできない、むしろ箸墓古墳の方がやや先行するのではないかという結論を示している。

奈良県立橿原考古学研究所や桜井市教育委員会の箸墓古墳の築造推定年代は「布留《ふる》0式」と発表されており、布留0式土器の暦年代はと言えば、国立歴史民族博物館のＡＭＳ測定年代によれば二四〇年から二六〇年という年代論が提起されている。考古学研究者からは寺沢薫氏のように二六〇年から二八〇年という年代論があり、纏向古墳群のホケノ山古墳のように四世紀代にまで年代を下げようという研究者もいる。

多様な年代論が存在するけれども、昭和から平成の時代まで約八〇年に及ぶ精緻な土器の層位確認と型式研究の成果は、絶対年代を決することは不可能だとしても、相対的な型式編年と相対年代の決定についてかなりの信頼性があると思われる。

天理市の継体皇后陵＝衾田陵から宮内庁によって採集された土器群が、図らずも特殊器台形土器と特殊器台形埴輪、特殊壺形埴輪であり、箸墓出土土器と比較して、若干年代が新しくなる傾向が認められる。従って三世紀後半だとしても四世紀代にまでに年代を新しく考えることにはならないと思う。一九六〇年代の頃は日本列島における前方後円墳の出現は西暦三〇〇年頃というのが古墳時代の定説となっていた。それが一九六〇（昭和三十五）年以降の大規模な発掘例と膨大な出土遺物の整理・研究の進展によって、古墳出現の年代が約百年ほど遡《さかのぼ》ると考えられるようになったのである。

従って継体天皇皇后陵であるのならば衾田陵は六世紀代、すなわち後期古墳でなければ年代が全く合致しないことになる。それは宮内庁書陵部の調査によって明白な事実として提起されたのであった。

■調査ができない陵墓参考地

衾田陵＝西殿塚古墳が存在している天理市の教育委員会は、大和《おおやまと》古墳群中の中山支群の盟主墳である西殿塚古墳の周辺地域に農地の基盤整備や市街化の波が波及しつつある現状を心配していた。学術調査を実施して、保存方法の策定と文化財の活用方法を考えることになったが、陵墓指定古墳があったりして難しかった。

問題の衾田陵の指定地域は墳丘に限定されていたため、天理市教育委員会は墳丘周囲の土地所有者の諒解をもらい、墳丘東側裾部に二区の調査区域を設定して発掘調査を実施した。一九九三（平成五）年三月七日の天理市教育委員会の「西殿塚古墳現地説明会資料」

によると、墳丘東側裾部のくびれ部付近に第一調査区、同じ東側裾部の前方部寄り約三〇メートルに第二調査区を設けて発掘を実施している。

その結果は幅四・五メートルから一一メートル、深さが〇・三メートルから〇・八五メートルという周濠の存在が確認され、濠内には拳大の墳丘から転落した自然礫が堆積していた。第一・第二調査区からは「洗浄籠」で六十箱分という「埴輪」が出土している。説明会資料によると「墳丘上で採集されている特殊器台形埴輪はなく」とあり、さらに壺形埴輪・朝顔形埴輪・鰭付《ひれつき》円筒埴輪・形象埴輪なども出土していないという。

この現地説明会資料に収載されている西殿塚古墳の墳丘部から出土した「円筒埴輪」の実測面は、『書陵部紀要』第四二号第三図で発表されている特殊器台形土器と特殊器台形埴輪であるから、箸墓古墳墳丘から発見された土器・埴輪の種類と衾田陵＝西殿塚古墳出土のそれとは共通する部分があることは間違いない。宮内庁書陵部の資料は墳丘上で採集したものであり、天理市教育委員会の資料は墳丘上から東側裾部の周濠状掘込内に転落したものであった。従って両資料とも衾田陵＝西殿塚古墳の築造年代を推測しうる重要な考古学資料といえる。

最近では関西の研究者の多くは箸墓古墳―西殿塚古墳―メスリ山古墳という築造順序を考えている。特殊壺形土器・特殊器台形土器から埴輪への転化をみとめるのならば、この順序は正しいであろう。但し桜井市外山茶臼山古墳をはじめ中山大塚古墳・下池山古墳・黒塚古墳・天神山古墳など発掘がおこなわれた例が増加してきた現在、偶然採集されたり台風などによる災害で緊急採集された土器資料だけに頼った年代論は、なお不十分と言わねばならない。

しかし衾田陵の考古学資料は、製作され当地に運ばれ古墳の墳丘上に樹立され、葬送の儀に供されたものであったから、墳墓の築造と遺骸埋葬の年代のズレがあったとしても数年という単位ではなかったかと推定される。葬送の儀が長期に及んだとしても、供献されたであろう器台形土器から器台形埴輪へと製作技法が変化したとすれば、埴輪樹立の行為に若干の年代幅を考えるべきであろう。それらの土器なり埴輪が墳丘上に樹立したままの状態で発掘されなければ、真に正確な葬送の儀を復原することはできない。

箸墓古墳が卑弥呼の墓であるのかないのか、現状のまま土器論のみでは決定しがたい。それより陵墓参考地であるから発掘調査はできない。一方、手白香皇后＝継体皇后陵＝西殿塚古墳は陵墓であるから調査できない。定期か不定期に実施されるであろう書陵部陵墓官の視察の際に、たまたま露出していた考古資料が採集されるという幸運にめぐり会えるか否かが研究の前進につながるのであろう。

衾田陵が考古学上、継体天皇皇后陵としての年代が全く合わないという事実が指摘されてから長い年月が経過したが事態は全く動いていない。

衾田陵が現在の天理市西殿塚古墳に治定されたのは竹口英斎『陵墓志』（一七九四年・寛政六）によったもので、英斎は大和中山村字殿墓の地名を挙げている。衾田陵の明治政府による正式な治定は一八八二（明治十五）年のことであった。

江戸時代には文献の記載に重点を置いて陵墓の治定をせざるをえない状況にあったことは致しかたのないことでもあった。当時としては最善の決定であったのであろう。

考古学者の白石太一郎氏は、同じ中山古墳支群の中にある墳丘長一一五メートルの六世紀頃と推定される西山塚古墳という前方後円墳が継体皇后陵としてふさわしいのではないかと提言をしている。西山塚古墳の主軸の向きが他の前方後円墳と異なって北方を指しているという古墳群中における異質な存在感も、億計天皇《おけのすめらみこと》（仁賢《にんけん》）の第三皇女・手白香皇女の立場を表現しているのではないかとする。

しかしこの西山塚古墳を直ちに衾田陵に治定することはできない。現状の衾田陵の年代が全く事実と合致しない点から、事実にもとづいて治定を解除し、改めて衾田陵については検討し直すべきだと思考する。それこそが現代における天皇陵に対する正しい歴史認識だと言えるのではなかろうか。

第5章　五条野丸山古墳は欽明陵か

■盗掘記録で陵墓指定取り消し

奈良県橿原市の五条野町、大軽町、見瀬町にかけて存在する大前方後円墳は、古くから見瀬丸山古墳として親しまれてきたが、墳丘の大部分が五条野町に属しているので、最近では「五条野（見瀬）丸山古墳」と称されている。

この前方後円墳は奈良県下でも最大例で、全国では第六位の規模を誇る。墳丘長三一八メートル、後円部径一五九メートル、高さ二一メートル、前方部幅二三八メートル、高さ一五メートルを測る巨大古墳である。

昔から丸山の名が付いたように、後円部だけが円墳と見られてきた。だが、一九五四（昭和二十九）年に末永雅雄博士がセスナ機から空中観察した結果、前方部の先端が剣菱形に突出し、墳丘外郭の空壕に沿って「周庭帯」と呼ぶ墓域がめぐることを、初めて発見したのであった。

この五条野丸山古墳の後円部には日本最大の横穴式石室が江戸時代から開口しており、本居宣長《もとおりのりなが》をはじめ多くの文人・学者たちが石室内を見学した記録が残っている。一八七二（明治五）年に来日した大阪造幣局の英国人技師ウィリアム・ガウランドは墳丘や石室の測量図まで残している。一八八九（明治二十二）年の彼の報告によると、墳丘測量図も石

五条野丸山古墳（奈良県立橿原考古学研究所提供）

室実測図も立派な図面を残している。彼の報告では約二七メートル強という長い石室内の奥には水がたまっていて奥室までは入れず、二個の石棺の棺蓋上面がようやく見えるだけであったという。

三〇〇メートルを超す大墳丘を有する六世紀代の大前方後円墳となれば、この最長・最大の横穴式石室に葬られた人物は誰だったのかという問題は、誰しもが抱いた関心事であった。

宮内庁『書陵部紀要』第四五号の「畝傍陵墓参考地石室内現況調査報告」（一九九四年三月）によると、五条野丸山古墳の横穴式石室の奥室に家形石棺二基が存在していたので、江戸時代から天武天皇と持統天皇を合葬した檜隈大内陵《ひのくまのおおうちのみささぎ》であるとみなされてきた。

しかし一六九八（元禄十一）年に、南都（奈良）奉行所は高市郡野口村の庄屋などの調査報告をうけて、天武・持統天皇合葬陵を高市郡野口村の「皇之墓《おうのはか》」へ変更している。次いで一七三六（享保二十一）年の『大和志』、一八〇八（文化五）年の『山陵志』をはじめ、一八四八（嘉永元）年の『打墨縄《うちすみなわ》』など諸文献では、天武・持統天皇陵を再び五条野丸山古墳に治定していた。だが、一八八〇（明治十三）年に京都・高山寺《こうざんじ》で発見された古文書の新事実によって、明治政府はこの陵墓治定を変更したのである。

被葬者を確定することは、陵墓の内容と書紀など陵墓についての記述との一致が重要なことはいうまでもない。明治政府が五条野丸山古墳の陵墓指定を取り消して「御陵墓参考地」としたことには、重大な事実の発見があったからであった。

五条野（見瀬）丸山古墳が墳丘長三一八メートルという巨大な前方後円墳で、さらに長さ二七メートル以上の横穴式石室を有することは、六世紀の天皇陵としてふさわしい姿だと一般的には考えられていた。一九六五（昭和四十）年に、森浩一氏は五条野丸山古墳こそ欽明陵だと自説を発表した（『古墳の発掘』中公新書、一九六五年）。それは後期古墳の墳形、石室構造と二基の石棺の特徴が五七一年という欽明天皇の崩年《ほうねん》と、推古天皇二十（六一二）年の「欽明妃堅塩媛《きたしひめ》を檜隈大陵に改葬した」という記述と合致すると見たからである。

『日本書紀』と『延喜式』によれば、第二十九代欽明天皇陵は「檜隈坂合陵《ひのくまのさかのあいのみささぎ》」（平田梅山古墳）である。しかし現在でも、現陵を認める立場と五条野丸山古墳説とに意見が分かれている。その上、五条野丸山古墳は宣化天皇陵ではないかとする古代史研究者も存在する。現宣化陵の前方後円墳の形態が、宣化天皇崩年の五三九年より古い特徴を示しているからとする。諸説紛々であるが、陵墓の学術調査が不可能な現段階では決定的な結論は出せない。

『日本書紀』欽明天皇三十二年にある「檜隈坂合陵」と推古紀二十年の「檜隈大陵」、推古紀二十八年の「檜隈陵」の条に語られている諸行事が、実際に治定されている古墳といかに対応するかが問題であろう。

古代の天皇陵が集中しているこの飛鳥の地域で、三〇〇メートルを超える巨大な墳丘をもつ五条野丸山古墳こそ天皇陵としてふさわしいのに、御陵墓参考地として後円部上の石室を含む円墳状部分のみの治定では、どうにも腑に落ちない気がする。

五条野丸山陵墓参考地が欽明陵か宣化陵かは現状では決しがたいが、檜隈坂合陵（平田梅山古墳）は現欽明陵として江戸時代から幕府の「諸陵改め」により、御陵の改修事業が大規模におこなわれてきた。欽明陵は前方部を西に向ける墳丘長一四〇メートルの前方後円墳である。後円部径七三メートル、前方部幅一〇七メートル、高さは前後とも一五メートル、周濠《しゅうごう》がめぐる後期形式の古墳である。

檜隈陵には推古紀二十八年に「墳丘に砂礫を葺いた」とあるが、一九九七（平成九）年十一月に書陵部陵墓調査室がおこなった檜隈坂合陵、すなわち現欽明陵の墳丘の裾十六カ所から、良好な状態で遺存していた葺石が発見されている。

その調査結果を報告した『書陵部紀要』第五〇号（一九九九年三月）によると、本来、葺石を欠く時代の前方後円墳に大量の葺石が遺っており、地点ごとに石質の差と葺き方に差がある。推古紀にいう「砂礫を葺いた」事実を示すものか、検討がまたれる。

奈良県橿原市の五条野（見瀬）丸山古墳は、一八八〇（明治十三）年までは天武・持統天皇合葬陵であった。

ところが同年に京都市栂尾《とがお》の高山寺で古文書『阿不幾乃山陵記《あおきのさんりょうき》』が偶然発見された。鎌倉時代の一二三五（文暦二）年に檜隈大内陵（天武・持統天皇合葬陵）に「盗人乱入事」と記した文書である。そして文書内容の検討と明日香村野口の皇ノ墓古墳の検分により、当時文武天皇陵であった皇ノ墓古墳が天武・持統合葬陵であることが確定したのであった。この問題は「第8章　天武・持統天皇合葬陵を探る」で詳述する。

翌年の一八八一（明治十四）年二月、宮内省は五条野丸山古墳の天武・持続陵の治定を取り消し、野口の皇ノ墓古墳を檜隈大内陵と正式に認め、現在に至っている。

■石室内部撮影で新たな論争

陵墓ではなくなった五条野丸山古墳は、その後紆余曲折《うよきょくせつ》をへて、一八九五（明治二十八）年頃には御陵墓参考地となり、やがて横穴式石室の開口部を閉塞したという。この五条野丸山古墳は三一八メートルという大墳丘の後円部墳頂部にこんもりとした森があるので、独特な古墳の姿を示し、飛鳥地方の歴史散歩の定点として多くの人びとが親しんできた。一九九一（平成三）年五月三十日のこと、地元に住む会社員の男性がふだん遊び場としている子息に教えられ、雑草で見えない墳丘南側斜面の小さな穴から横穴式石室内に入り、石棺など三十二枚のカラー写真を撮影した。この事実の報告を受けた飛鳥資料館学芸室長（当時）の猪熊兼勝氏らは「見瀬丸山古墳写真検討会」をつくり、東海大学情報技術センターの協力をえて映像分析をおこなった。

宮内庁書陵部陵墓調査室と畝傍陵墓監区事務所は直ちにこの小穴を閉塞した。一方、民間人が撮影した五条野丸山古墳の玄室《げんしつ》（遺骸をおく部屋）の中には、二基の家形石棺の蓋が見え、その形や縄懸突起《なわかけとっき》の特徴から新古二時期が確認できた。一九九一年十二月二十六日に「丸山古墳写真検討会」はこの事実を公表し、新聞報道では「禁断の石室、カメラがのぞいた、六世紀後半、二基の家形石棺」（読売）と大々的に報じ、「陵墓公開論争に一石」とまで続けた。

書陵部陵墓調査室では一九九二（平成四）年八月から約一カ月をかけて石室内部の実測と写真撮影をおこない、九四年の『書陵部紀要』第四五号でその成果を報告している。横穴式石室の長さは二八・四メートルで全国最大の規模を誇り、奥室の二個の家形石棺は奥棺が新しく、前棺の型式が古く、欽明天皇と追葬の皇太夫人堅塩媛の棺とする考え方が強い。

九二年の調査では石室内に堆積する約一メートルの土層には全く調査が及んでおらず、欽明天皇合葬墓か宣化陵かの疑問は未解決である。

五条野丸山古墳の二八・四メートルという長大な横穴式石室はすでに指摘したように、全国の横穴式石室の中でも最大例である。玄室は左右の側壁が三段積、天井石二枚からなる長さ八・三メートル、幅四・一～三・五メートル、高さ四メートルという規模である。同時代の奈良県藤ノ木古墳の石室全長一四メートル、玄室長六メートル、羨道長約八メートルという長さとは比較にならない大きさなのである。三一八メートルという大墳丘に全長二八メートルという長大な横穴式石室を備えるという造墓の理念や示威的な感覚は尋常なものとは思えない。三世紀以来の最高権力者としての地位を示した大型前方後円墳の天皇陵の存在感を考えると、陵墓参考地である五条野丸山古墳が、天皇陵として君臨していた存在であると見るのが一般的な考え方であると思う。

■分かれる見解

もし五条野丸山古墳が天皇陵級の古墳で間違いないとすると、六世紀後半代の年代観から宣化陵か欽明陵に該当する可能性が生まれてくる。

古墳時代研究者として筆者がもっとも注目したことは、玄室内にあった二個の家形石棺の形式である。家形石棺は明治時代の頃は屋根型石棺の名があった。棺身はもちろん、時代の推移によって変化をするが、棺蓋の変化の方が大きく、その特色を捉えて棺蓋指数を問題とする。棺蓋指数とは棺蓋上部平坦面の幅を棺蓋幅で割った百分比のことである。

一九九一（平成三）年の五条野丸山古墳石室内撮影事件以来、玄室内二基の家形石棺は奥壁中央近くの正常位置に存在する石棺の形式が新しく、玄室東壁寄りにあった石棺の形式が古いことが問題となっていた。これは同時埋葬ではなく、前後二時期の埋葬を示しており、家形石棺の棺蓋指数も東壁寄りの一号棺は指数三五、奥壁寄りの中心部の二号棺は指数四三を示していた。一号石棺が六世紀後半、二号石棺が七世紀初頭という年代を示すことが判明した。

一号石棺が中心埋葬ではなく、埋葬年代の新しい奥壁沿いの追葬例の石棺が、五条野丸山古墳の主人公としての位置を占めているのである。巨大な横穴式石室内に二基の石棺が存在する事実は、二人の最有力首長を葬ったものと理解することが考古学的な常識であろう。既に触れたように『日本書紀』にいう第二十九代の欽明天皇は五七一年が崩年であり、「檜隈坂合陵」に葬られたとある。現在、欽明天皇陵に治定されているのは平田梅山古墳であり、これこそが真の欽明陵とする見解と、五条野丸山古墳が欽明陵であるとする考え方に意見が分かれている。

さらに五条野丸山古墳こそが欽明陵だとする森浩一氏の見解もあって、現陵の「檜隈坂合陵」と「五条野丸山古墳」とに現在も意見が分かれている。その上、五条野丸山古墳は第二十八代宣化天皇陵（ミサンザイ古墳）ではないかとする古代史研究者もいる。

宮内庁の宣化天皇陵の測量図によると墳丘長一三八メートル、後円部径八三メートル、後円部高さ一七・七メートル、前方部幅七八メートル、高さ一八・六メートルを測り、二段築城の墳丘のくびれ部両側に方形造出しが存在している。また周濠も存在している。

また宮内庁『書陵部紀要』第四一号（一九八九年）によると、一九七〇年と七六年の二度の墳丘裾部の調査によって円筒埴輪と朝顔形埴輪と須恵器などが発掘されており、詳細

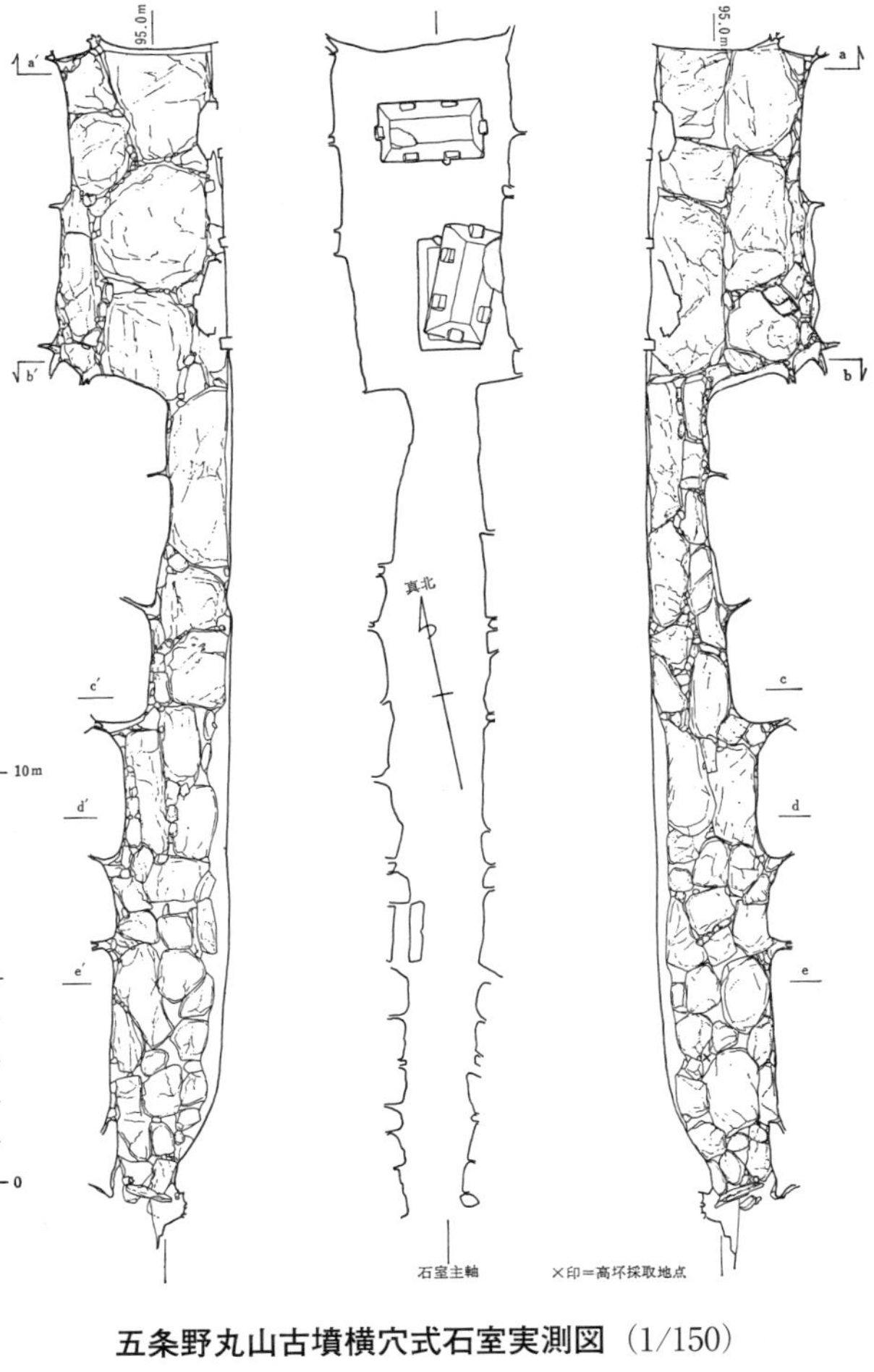

五条野丸山古墳横穴式石室実測図（1/150）

（宮内庁『書陵部紀要』第45号、1994年より）

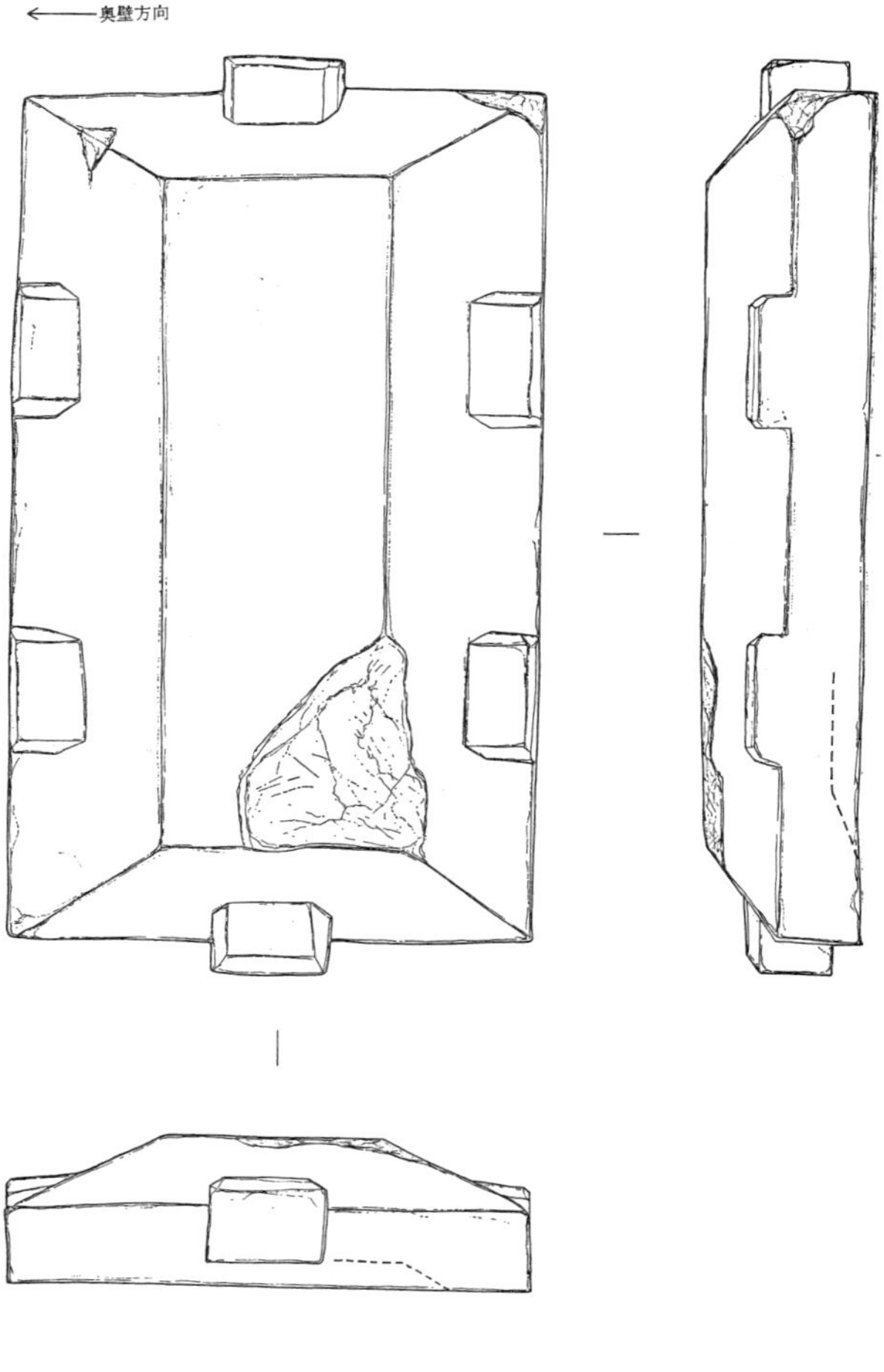

石棺実測図(1)　奥棺　蓋（1/20）

五条野丸山古墳が真の欽明陵だとすれば奥棺は皇后（堅塩媛）のもの。左図(2)の前棺は欽明天皇

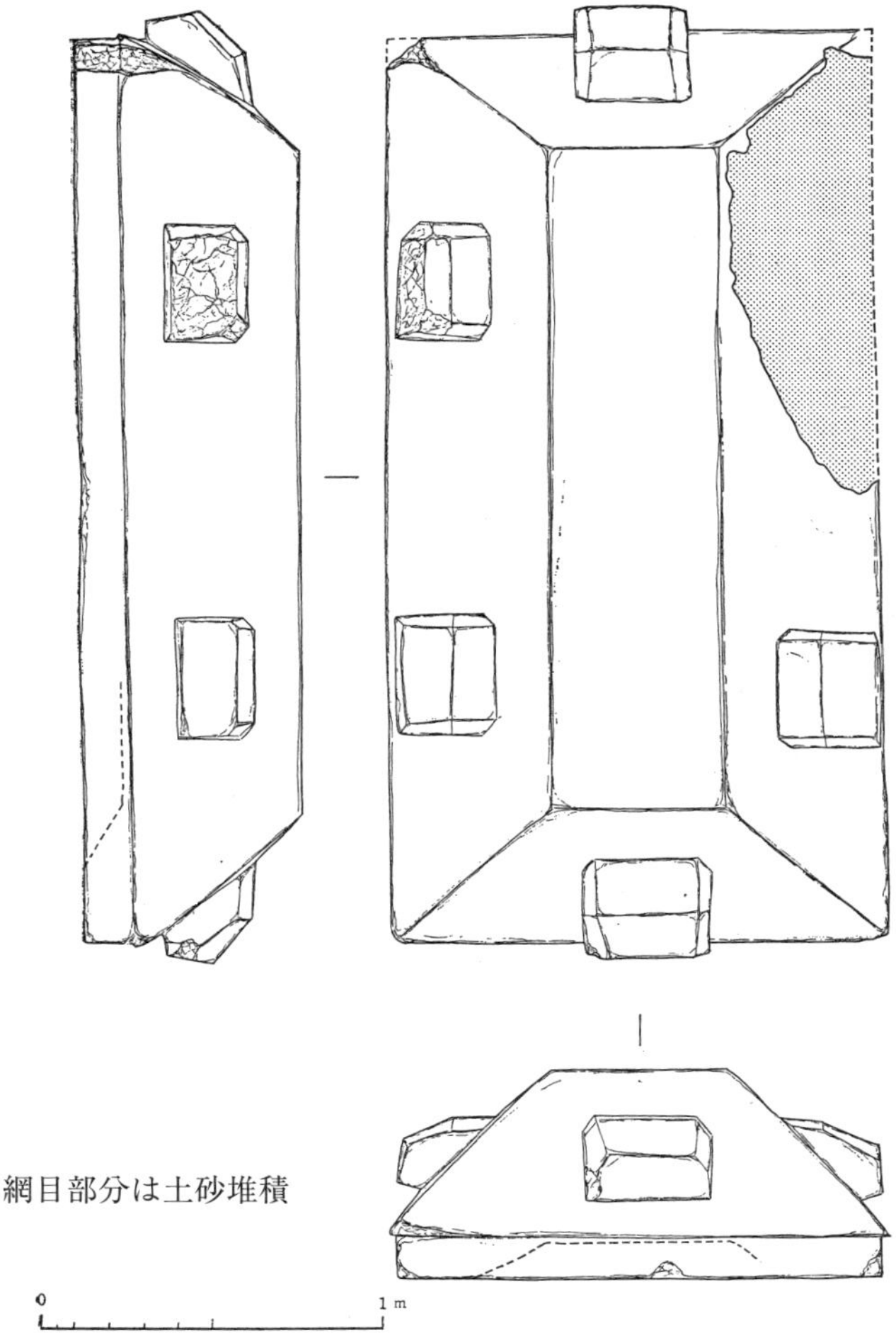

石棺実測図(2)　前棺　蓋（1/20）

な報告がなされている。埴輪は第Ｖ期、須恵器は大阪陶邑遺跡高蔵窯跡のTK47型式であり六世紀中葉頃の年代が考えられている。

五条野丸山古墳の石室構造や石棺の細部が判明してきた現段階では、五三九年という宣化天皇の崩年を考えると、丸山古墳に欽明陵とする可能性が濃いように思われる。しかし、現欽明陵の平田梅山古墳については推古二十八（六二〇）年十月の条に「以砂礫葺檜隈上則域外積土成山」とあり、一九九七（平成九）年に書陵部陵墓調査室が実施した平田梅山古墳の墳丘裾十六カ所から多くの葺石が発見されたことを『書陵部紀要』第五〇号（九九年三月）で報告をしている。「砂礫を葺いた」という書紀の記載の事実を物語るものか、十分な検討がまたれるところである。

このような陵墓治定をめぐる確実な事実の認定が不十分なことは、残念ながら確実な事実として認定が達成できないことであり、陵墓研究の不徹底さに甘んじるほかはなく、内部主体の調査というよりも、外郭の調査が実施されれば、明らかになる一層の事実が集積され、陵墓の真実が明らかになると思われる。

第6章　崇峻天皇陵の謎

■暗殺された天皇

古代日本の第三十二代天皇は崇峻《すしゅん》天皇である。崇峻の名は奈良時代に淡海三船《おうみのみふね》によって追号された漢風諡号《かんぷうしごう》であり、『古事記』には「長谷部若雀天皇《はつせべのわかさざきのすめらみこと》」の名が見え、『日本書紀』では「泊瀬部天皇《はつせべ》」と記されている。

崇峻天皇は欽明《きんめい》天皇の第十二子であり、母は大臣蘇我稲目《おおおみそがのいなめ》の娘にあたる小姉君であるから、同母兄には穴穂部皇子《あなほべのみこ》が、また異母兄に敏達《びたつ》・用明《ようめい》天皇がいた。

第三十一代の用明天皇は日本書紀によれば即位二年にして病に倒れ、同年（五八七年）四月に没したという。

用明天皇即位から欽明天皇の皇子である穴穂部皇子を渦中にして大連《おおむらじ》であった物部弓削守屋《もののべのゆげのもりや》と、炊屋姫《かしぎや》敏達皇后と意を通じた大臣蘇我馬子宿禰《おおおみそがのうますくね》との対立抗争は、皇位継承の問題を含む政権構想として一層の激しさを増していたのである。

用明天皇が崩御すると蘇我馬子大臣と、物部守屋大連との関係は、皇位継承をめぐり一層、陰険の度を増した。物部守屋は他の諸皇子たちを顧みることもなく、穴穂部皇子を天皇に迎えようと画策していたが、このはかりごとは漏れて蘇我馬子の知るところとなった。

欽明天皇周辺の系図（○数字は『日本書紀』による即位順）

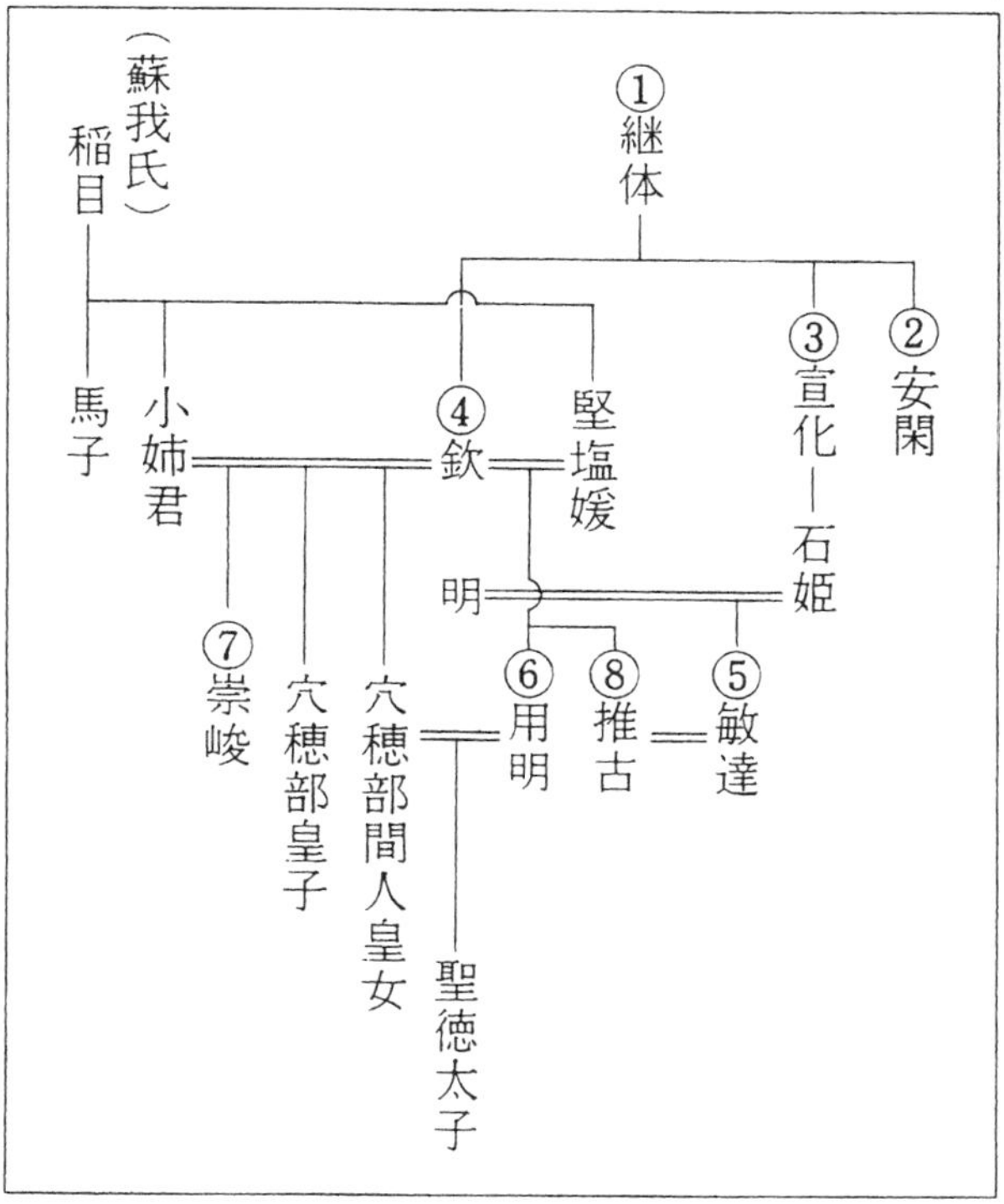

『日本書紀』によると用明天皇崩御の二カ月後の六月七日には、馬子は敏達天皇の皇后であった炊屋姫尊を奉じて佐伯連《さえきのむらじ》丹経手《にふて》らに、「穴穂部皇子とともに親しくしている宅《やか》部皇子《べのみこ》を殺せ」と命じた。その日の夜半に佐伯連丹経手らは穴穂部皇子を殺し、翌八日には宅部皇子を殺したと記している。

さらに『日本書紀』には七月に蘇我馬子大臣が行動を起こし、物部守屋大連を追討することとなり、泊瀬部皇子は皇位につき崇峻天皇となったのである。蘇我馬子は元のまま大臣となり他の官職も元通りとした。

『日本書紀』には崇峻天皇の時代に百済《くだら》からの仏僧の来日や仏舎利の献上、寺院建築の技術者や瓦博士らの来日があり、蘇我馬子は法興寺（飛鳥寺）を建立している。これらの書紀の記述を見れば、六世紀後半における日本社会が先進的な文化や技術を活発に受け入れている状況を知るのである。

崇峻天皇四年八月に、天皇は任那《みまな》（伽耶）復興の意志を発表し、群臣たちの同意を得た上で二万余名の軍兵を動員し、筑紫に出陣させ、さらに新羅《しらぎ》や任那（伽耶）に将軍たちを派遣して体制を固めたのであった。五年の十月四日、天皇に山猪《いのしし》を献上した者がいた。そこから、天皇が「この山猪の頸《くび》を切るように、自分を嫌悪している男を伐りたいものだ」と発言していたことが伝わった。蘇我馬子は、さらに多くの武器が用意されて平常の雰囲気ではないことを聞かされて愕然となった。十一月 癸 卯《みずのとう》の三日に蘇我馬子は腹心の 東《やまとの》漢 直 駒《あやのあたいこま》に命じて崇峻天皇を殺させたのであった。

『日本書紀』の崇峻五年には「是の日、天皇を倉 梯 岡 陵《くらはしのおかのみささぎ》に葬り奉りき」と記している。臣下である大臣蘇我馬子が腹心を使って、天皇を暗殺するという事態は、誠に異常なことである。しかし、六世紀後半代の社会にあっては、政治権力の帰趨をめぐる動乱の行く末として、このようなことが生じたのであろう。

考古学上の問題として『日本書紀』が伝える崇峻天皇殺害事件が、歴史上の事実であるとするならば、「是の日、天皇を倉梯岡陵」に埋葬したと伝えている以上、崇峻陵は実在していたことになる。大阪府の大仙古墳（仁徳陵）のような墳丘の規模が長さ四七五メートル（四八六メートル説あり）という巨大古墳ならば、生前から墳墓を築造するいわゆる寿陵《じゆりよう》の存在は考えられる。事実、『日本書紀』によれば仁徳天皇自らが自分の墓地と決めた「百舌鳥耳原の地」に埋葬されるまで約二十年という歳月を要していることから、古くから寿陵だと言われてきたが、古代の大型古墳がすべて寿陵であるか否かは決しがたい。

古代における天皇の崩御については殯《もがり》（天皇、皇族の死後、遺体を埋葬するまでしばらく安置しておくこと）の行事がおこなわれる。殯もせずに即日葬ったという書紀の記述を信頼すれば、崇峻陵はすでに築造されていたと考えねばならない。崇峻天皇六年は五九二年になり六世紀後半も末葉のこととなる。

平安時代の文献である『延喜式』諸陵寮には「倉梯宮御宇崇峻天皇。在大和国十市郡。無陵地幷陵戸」とあり、他のすべての古代の天皇陵は神武天皇から文武・元明天皇陵まで必ず陵戸・守戸の戸数までもが記されているのに、崇峻陵だけがないのは、暗殺され即日埋葬されたという当時の事情を『日本書紀』の記述が反映しているのかも知れない。

殯は数カ月から長期にわたる場合には数年という例も知られているが、崇峻天皇の場合は、異常と言わざるを得ない。近世以後に陵墓への関心が深まるにつれて、書紀に記されている崇峻陵への謎は、多くの世代にとって問題であったに違いないと思われる。

江戸時代には多くの学者たちによって崇峻陵の治定がなされてきたが、現在の状況は宮内庁書陵部刊行の『陵墓一覧』によって知ることができる。

崇峻天皇　倉梯岡陵　奈良県桜井市大字倉橋

円丘　（父）欽明天皇（母）妃蘇我小姉君（父・母は筆者挿入）

五（年）一一（月）三（日）（一二五二・一二・一四）崩

現在、宮内庁書陵部が管理している崇峻天皇陵は同じ桜井市倉橋の多武峰《とうのみね》から桜井市内へ流れる寺川に近い低地に存在している。宮内庁書陵部が発表している陵墓図（『陵墓地形図集成』学生社）によるとほぼ東西に長い長さ約二〇〇メートル、幅約八〇メートルの菱形の長方形墓域に垣根がめぐっている。西方のもっとも幅広となった地点に区切りの境界線があって拝所の施設が認められる。この垣根に囲まれた東方に直径約三五メートルの低平な墳状の隆起が存在する。この測量図を検分する限りでは古墳とは断定できず、ましてや天皇陵と断定することは全く不可能である。日本古代の歴代天皇陵に治定されてきた崇神陵から欽明・敏達陵までの陵墓の形は前方後円墳である。

前方後円墳の天皇陵は欽明・敏達両天皇が最後の例であり、六世紀代後半特にその終末期は天皇陵が大型方墳・円墳に変化することから見れば、現状の崇峻陵を真の崇峻陵と見ることは困難である。元禄年間以後、江戸時代を通じて陵墓治定は重要な社会的問題であり、幕府としては慎重な対応を迫られていたと言える。

すでに第三十一代の用明天皇の陵が一辺約六五メートル級の方墳であることからすれば、大小の規模はともかくとして崇峻陵は方墳として登場するのが考古学的には当然のことのように思われたのである。それから見れば、現崇峻陵は陵墓としても、また古墳としても問題にはならないように思われる。つまり古墳ではないということである。

■変遷してきた陵墓治定

現崇峻陵が六世紀後半以来、現今まで不動のものであったのかと言えば、否と言わねばならない。その時々の学者や政府の考え方によって陵墓治定は動いたのである。

陵墓の治定が時の政府の体制や識者の発言動向などによって変化することがあり、とりわけ近世の江戸幕府の治世下に意識としても行動としても顕著ではないかと思われる。幕府が陵墓について具体的な行動を起こすのは元禄年間に入ってからであり、一六九六（元禄九）年に松下見林《まつしたけんりん》が『前王廟陵記《ぜんおうびょうりょうき》』を著したが、この時には崇峻陵の特定はされていない。

しかし一六九七（元禄十）年に倉橋村から幕府に提出した報告書の中で言う「字岩屋」の塚穴が問題となっていた。一六九九（元禄十二）年四月に京都所司代から幕府に細井広沢《ほそいこうたく》が著した『諸陵周垣成就図《しょりょうしゅうえんじょうじゅき》』が報告され、この倉橋村の「字塚穴」が崇峻陵と特定されるようになった。

それ以後、一七三六（享保二十一）年には並河永が『大和志』を、また一七九四（寛政六）年に『陵墓志』、一八〇八（文化五）年には蒲生君平が『山陵志』の中で「字岩屋」が崇峻陵にふさわしいとして、倉橋字赤坂の天王山古墳が治定された。

これとは別に北浦定政《きたうらさだまさ》が書いた一八四八（嘉永元）年の『打墨縄《うちすみなわ》』の中では、かつて倉橋村が提出した「覚書」の中で報告した二候補地「字観音堂」「字岩屋」の一つであった「字観音堂」、別名「天皇屋敷」と称した土地こそ崇峻天皇陵であると主張した。一八五五（安政二）年に幕府の南都奉行所による調査でも「字観音堂・天皇屋敷地」と称する一帯こそ、崇峻陵として適地であるという結論になった。明治政府は『打墨縄』の説を採択し桜井市倉橋の「字観音堂・天皇屋敷地」と称する地域を崇峻天皇陵として決定し、一八八九（明治二十二）年に現崇峻陵の整備が完成したのであった。

ここで元禄十年に倉橋村からの報告によって「字岩屋」と決定していた赤坂天王山古墳の崇峻陵の治定は、約一九〇年間で取り消されたのである。

さて、数奇な運命を辿り蘇我馬子大臣の手によって暗殺された崇峻天皇の、宮内庁治定の現天皇陵は、前述したように奈良県桜井市倉橋に存在している。旧地名は奈良県磯城郡多武峰村大字倉橋であり、正式な陵名は「崇峻天皇倉梯岡陵」である。帝室林野局時代の測量図によると、面積は三三五八平方メートル（一〇一五坪八合二勺）、不整長方形で東西約二〇〇メートル、南北約八〇メートル範囲に生け垣がめぐり、西側の約三分の一ほどの空間が拝所となり、西端地区には御霊屋《みたまや》や見張所などがある。陵域内には樹木が茂り、陵

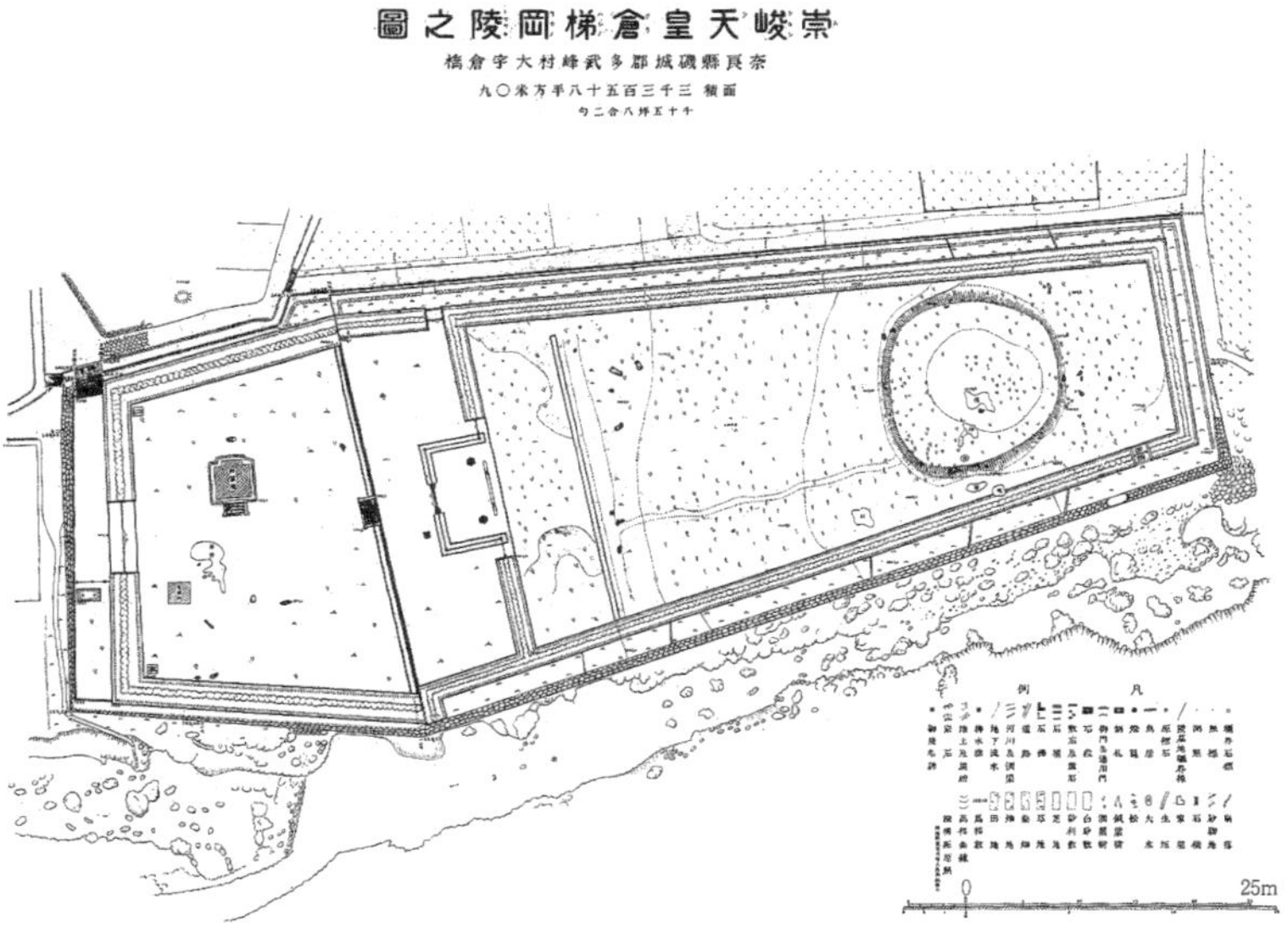

崇峻天皇陵外形実測図

自体は直径約三五メートルの不正円形の隆起帯となる。考古学上で言う円形墳の特徴を示していないことから、古墳とは言えない。もともと観音堂という字名であることを思えば、この地に古く観音堂があり、「東西十五間、南北十八間」の平坦地と金福寺という無住の寺と米倉があった」という（柳沢一宏「第三十二代崇峻天皇陵」『「天皇陵」総覧』新人物往来社）。

暗殺された天皇が即日葬られたという『日本書紀』の記述から、実際にどのような葬送の儀がされたのか知ることはできない。時の政治上の実力者であった蘇我馬子の意図による暗殺であったから、没後の処置の具体像を想定することは難しい。しかし、日本の最高統治者であった天皇の没後をおろそかに扱えなかったのであろう、と私は推測する。

暗殺の年が五九二年と言えば六世紀の最終段階の時代である。「倭の五王」と呼ばれた五世紀の大王たちの巨大前方後円墳の時代は去り、大王陵＝天皇陵は六世紀後半段階を迎え、前方後円墳は消滅する時代である。前方後円墳が姿を消した後は大型円墳や方墳の時代となる。第三十一代の用明陵、三十三代の推古陵はいずれもが方墳であり、第三十四代舒明陵は別称が段ノ塚古墳と呼ばれているように、三段の方形壇上に八角形墳が登場し、以後天皇陵は八角形墳になっていくという傾向が確認されている。

■赤坂天王山古墳なのか

崇峻陵が寿陵として生前から築造されていたとすると、六世紀終末頃の天皇陵としては方形墳であったことは、ほとんど疑う余地のないところだし、内部構造は横穴式石室と家形石棺であったと考えるのが、もっとも妥当な理解と言える。従って古墳時代の後期段階の天皇陵の内容を想定するとすれば、『日本書紀』『延喜式』に記述する「倉梯岡陵」や『古事記』「倉椅《くらはし》岡上《のおかのうえ》也」とあることから考えて、現在の奈良県桜井市倉橋にある赤坂天《あかさかてん》王山《のうざん》古墳が崇峻陵の候補となることは多くの考古学研究者の認めるところである。

問題は即日に埋葬したとする記述の信憑性であり、やはり殺された安康《あんこう》天皇の例とともに前代未聞の不測の事態と考古学上の実証問題がからまって、赤坂天王山古墳を一〇〇％確実に崇峻陵と確定しがたいもどかしさを感ずる。

いずれにせよ考古学的には崇峻天皇陵と考えることが、もっとも事実に近いと思われている赤坂天王山古墳について問題点を指摘したい。筆者も学生時代から数回はこの赤坂天王山古墳を訪れるたびに、『日本書紀』などの古代文献の記述が事実とするならば、いま自分がこの横穴式石室内にもぐり込もうとする瞬間は、真実の崇峻陵内に入室するのだという名状しがたい感覚にいつも襲われるのであった。赤坂天王山古墳は考古学的にはほとんど疑いなく崇峻陵の可能性が濃いのに、入り口は少々狭いけれども自由に石室内に入り、一部破損はしているが豪壮な刳抜《くりぬき》式家形石棺の傍らに立つとき、若い頃は夢中で家形石棺をなで回したものだった。赤坂天王山古墳は現在でも自由に石室内にもぐり込むことができる「王陵」の唯一の例なのである。

赤坂天王山古墳は一九三八（昭和十三）年に梅原末治氏が『日本古文化研究所報告』（九）で報告しているが、一般的には末永雅雄氏の『日本の古墳』（朝日新聞社、一九六一年）でよく知られる存在である。また小島俊次著『奈良県の考古学』（吉川弘文館、一九七四年）、『奈良県史3　考古』（名著出版、一九八九年）においても、明治初期頃までは崇峻陵として保護されていたことを伝えている。赤坂天王山古墳は三輪山に近い粟原川の南側丘陵の尾根の端部近くに立地する方墳で、墳丘は森林状を呈し厳粛な雰囲気を保っている。墳丘の平面方位はほぼ東西・南北線を示し、墳丘東西辺は約四五・五メートル、南北辺は四二・二メートル、高さ九・一メートルで三段築城である。墳丘頂部は約一二メートル四方の平坦面があり、典型的な大型方墳である。

内部構造は南に羨門《せんもん》が開く典型的な横穴式石室で棺を納める玄室は墳丘の中央部にあり、羨門部の人頭大の閉塞石が山形に積まれているらしく、石室内に入る隙間が土砂に埋まり狭い。石室は羨道《せんどう》（玄室と外部とを結ぶ通路部分）から東西に向かって幅広となる玄室をつくる両袖型石室で石室全長約一七メートル、側壁石は巨大な花崗岩の自然石積で玄室長六・三四メートル、幅約三メートル、高さ現状で四・三メートルを測るが、床面に土砂が堆積しており五メートルに近いものと推測する。羨道は長さ八・五メートル、幅一・八メートル、高さ約二メートルを測り、玄室の側面や奥壁の持ち送り現象が著しい。赤坂天王山古墳の横穴式石室や生駒郡斑鳩町法隆寺の藤ノ木古墳の一四・二メートルという横穴式石室とも共通した特色を有している。

天王山古墳玄室の中央部には凝灰岩の刳抜式家形石棺が玄室主軸と平行して存在してい

る。棺身長約二・四メートル、幅一・七メートル、高さ一・八メートルを測り、棺蓋には左右二個ずつ、前後に一個ずつ縄懸突起を造り付けている。

この家形石棺の羨道に面する南側の棺蓋と棺身上部には盗掘の破壊痕が存在している。これら家形石棺の構造と縄懸突起の特徴から、赤坂天王山古墳が六世紀後半代の築造であることが確実である。石室・石棺はすでに古い時代の盗掘を受けており、副葬品などは全く知られていないが、ほぼ同時期の古墳である藤ノ木古墳の膨大な副葬品の質量を知ると、赤坂天王山古墳の被葬者の地位・身分が尋常なものでなかったことが思い起こされる。『奈良県史』などによれば、赤坂天王山古墳の周辺には数基の古墳群が存在しているが、天王山古墳が群中で最有力古墳であることは間違いない事実である。

赤坂天王山古墳は、元禄の頃から崇峻天皇陵として保護されてきたが、一八七六(明治九)年から現在の治定陵に変更となり、天王山古墳は一九五四(昭和二十九)年に国史跡に指定され現在に至っている。

日本の古代天皇陵の中で現崇峻陵は墳墓の形態・規模とも陵墓とは見なしがたいことはすでに指摘したところである。暗殺後、即日葬ったという『日本書紀』の記述が事実だとすれば、この倉梯(橋)の地のどこかに存在しなければならない。どのような埋葬の仕方をしたのかは不明だが、天皇の墳墓として全くその姿をとどめないという扱いは、当時の

赤坂天王山古墳の家形石棺

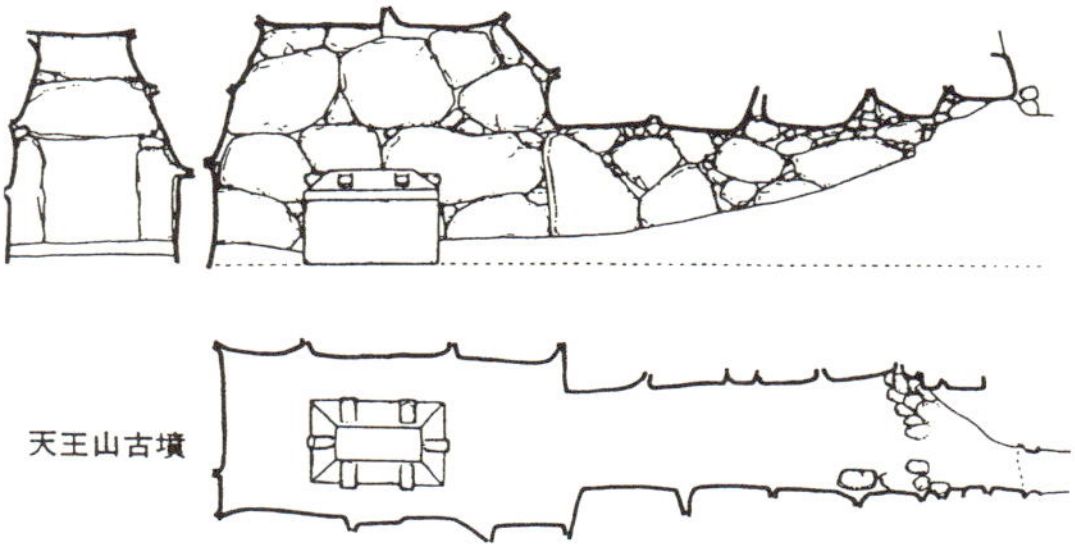

横穴式石室測量図

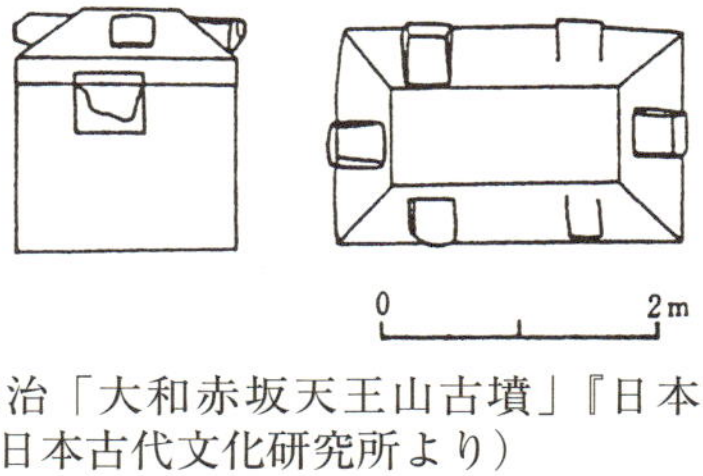

石棺の実測図

（梅原末治「大和赤坂天王山古墳」『日本古代文化研究所報告』 9、1938年日本古代文化研究所より）

人びとの感情からも理解しがたいことであろう。

前方後円墳という天皇陵の伝統的な墓制はすでに廃止されており、方墳が採用されていた時代であったから、少なくとも崇峻天皇の墓地としてその形成をとどめるものとすれば、方墳を採用するのが当然のなりゆきであったろう。生前から用意をした寿陵があったのかどうかは不明だが、即日埋葬となるのであれば、何らかの用意があったと考えるのが常道であろう。西暦三世紀後半以降、大王陵として存在してきた古代日本の古墳の中で、崇峻天皇陵のみが存在しないということはあり得ないと思う。

現在の治定されている崇峻陵が考古学上からも認められないとすれば、倉橋の赤坂天王山古墳が、大型方墳で全長一七メートルという規模の横穴式石室と家形石棺の存在は、崇峻陵に想定するのがもっとも相応《ふさわ》しいのではないかと考える。即日埋葬という記事と寿陵の存在との関係が確実に実証されない限り、このことも想像上の諸成果からすれば、赤坂天王山古墳こそ崇峻天皇陵と考えることが、もっとも妥当な考え方になる。

このことはすでに元禄の頃からも肯定されていたことでもあるが、国史跡に指定されている赤坂天王山古墳は、改めて学術調査をほどこした上で、保存整備をすべきであろう。たとえ崇峻陵と確定できないとしても、保存と管理は最善を尽くすべき極めて重要な遺跡であることは明白である。

第7章　斉明天皇陵と牽牛子塚古墳

■牽牛子塚古墳か

奈良県明日香村の牽牛子塚《けんごしづか》古墳が斉明《さいめい》天皇陵である可能性が高い、という公式見解が発表されたのは、二〇一〇（平成二十二）年九月九日だった。翌日の新聞各紙は奈良県明日香村越《こし》にある牽牛子塚古墳（別名あさがお塚）が、『日本書紀』による第三十七代の斉明天皇陵と特定されると大きく伝えた。

明日香村教育委員会が二〇〇九年度からおこなっていた古墳の構造を明らかにする範囲確認調査で、墳丘の平面形が終末期古墳の天皇陵の条件である八角形だとわかったのである。また、三段から成る墳丘の斜面には、レンガ状に加工した三〇センチメートル角の凝灰岩を積んだ痕跡がみられ、裾の部分には墳丘を凝灰岩の切石で八角形に囲む石敷きの遺構があり、七世紀後半の王陵の威容を示すものであった。

牽牛子塚古墳が斉明陵ではないかという考古学上の推測は古くから存在した。『日本書紀』六六七（天智六）年春二月二十七日の条に、斉明天皇と息女である間人皇女《はしひとひめみこ》（孝徳天皇皇后）とを、小市岡上陵《おちのおかのえのみささぎ》に合葬したとあり、さらにこの日に孫の大田皇女《おおたのひめみこ》を陵の前の墓に葬ったと記されている。

牽牛子塚古墳を見学したことのある方はご承知のように、埋葬施設の入り口から横口式石槨《せつかく》（石室）の様子を見ることができる。それは二上山の凝灰岩をくり抜いたもので、中央部には仕切りがあって左右に二つの棺台が造り付けられている。石槨は幅五メートル、奥行き三・五メートル、高さ二・五メートルという巨大な埋葬主体なのである。

この古墳の調査が一九一二（大正元）年に、また保存のための工事が一四（同三）年に旧阪合村役場によって実施され、七七（昭和五十二）年には環境整備工事に伴う考古学調査が明日香村によっておこなわれた。

過去二回の調査によって盗掘を受けていたことは明らかだが、少量の副葬品が発見されており、牽牛子塚古墳の年代と被葬者の性格を読みとることはできる。多くの考古学研究者は牽牛子塚古墳の立地、規模と墳丘の特色、埋葬遺構と副葬品の特徴などから古墳時代の終末期、七世紀後半から八世紀初頭の古墳だと理解している。

「終末期古墳」とは単に、古墳時代の終末頃の古墳というだけではない。ヤマト王権の前方後円墳の長い伝統を断ち切って大型円墳や方墳に変質していく過程で、横口式石槨を採用し、豪華な夾紵棺《きようちよかん》や漆塗り木棺をとり入れた、天皇陵など一部の有力な首長の墳墓に限定して名付けられた古墳なのである。同じ明日香村にある高松塚古墳やキトラ古墳も終末期古墳であり、七世紀後半から八世紀初頭の王陵や貴族たちの墳墓である。

墳丘が八角形、三段築成で対辺長が約二二メートル、基壇からでは三二メートルに達する堂々たる八角形墳。舒明天皇に始まり天智・天武・持続・文武天皇へと続く八角形墳の伝統を考えれば、牽牛子塚古墳は斉明陵となる可能性が高い。

さらに明日香村教育委員会は、十二月九日に牽牛子塚古墳石室の南東方約二〇メートルの地点で、飛鳥石とよばれる石英閃緑岩製の横口式石槨の床石と、大部分が破壊されていた石槨壁面を発見したと発表した。

内法の長さ約二・四メートル、幅〇・九メートル、高さ約〇・六メートル。古墳の位置は牽牛子塚古墳の墳丘に接した南東部石槨の中心部から今回発見の石槨まで約二〇メートル、高低差ではやや低位にある。書紀の記述では「是日」とあるから二月二十七日に埋葬されたものと推定される。新たに見つかったこの古墳は越塚御門《こしつかごもん》古墳と名付けられ、墳丘は消失していたようで、確認トレンチ（試掘壕）発掘で判明したといい、両古墳には同時期に造墓された親近性がある。

翌日の各紙は「『斉明天皇陵』決定的」（読売）、「『皇女三代』眠れる丘」（東京）と報じた。牽牛子塚古墳に隣接した南東で、大田皇女を葬った「越塚御門古墳」が発見され、斉明陵の確証となったのだった。

■車木ケンノウ古墳は誰の墓か

現在、第三十七代の斉明天皇陵とされる陵墓は奈良県高市郡高取町車木《くるまき》にあり、古墳名を車木ケンノウ古墳という。

『日本書紀』天智天皇六（六六七）年春二月の条には、斉明天皇は娘の孝徳天皇皇后間人皇女《はしひとのひめみこ》とともに「小市岡上陵《おちのおかのえのみささぎ》」に葬られ、同時に孫の大田皇女を陵のすぐ前の墳墓に葬ったと記されている。この事実は先述した明日香村の公表によって確証された。

『続日本紀』天平十四（七四二）年五月十日条によると、「越智山陵《おちのみささぎ》」は長さ十一丈・広さ五丈二尺にわたって崩壊し、五月十三日には「知太政官事・正三位の鈴鹿王」ら十人を派遣し、各種の工人たちにより越智山陵を修理させているので、八世紀頃まで斉明陵の存在は明確であったと思われる。しかし中世の激しい動乱の時代は天皇陵の荒廃を招き、多くの天皇陵の存在も忘れられる状況にあった。

車木ケンノウ古墳を斉明陵に治定したのは江戸時代になってからであろう。儒学者蒲生君平は『山陵志』の中で、車木村の「天皇山」を斉明陵に比定している。

これより前の一六九七（元禄十）年、奈良奉行所による陵墓調査では、高市郡鳥屋村ツカオの塚穴を斉明陵としている。この鳥屋村の塚穴は現在の小谷古墳のことを指しているようで、斉明陵としては車木古墳説と小谷古墳説が並び称されていた。

しかし文久年間の陵墓大修築の折に車木説が幕府により採用され、それが明治政府に継承されて、現在の車木ケンノウ古墳の治定になっている。

車木ケンノウ古墳は直径約四五メートル、高さ約一〇メートルの円墳であり、七世紀後半の終末期古墳とはみなしがたい。宮内庁書陵部陵墓課編『陵墓地形図集成』（学生社）の陵墓測量図にある斉明陵と大田皇女墓の距離や墳丘規模も、『日本書紀』の記述と照らし合わせると大きな違和感がある。

考古学上の検証による限り、牽牛子塚古墳と今回あらたに調査で確認された越塚御門古墳こそ斉明天皇と間人皇女の合葬墓であり、陵前の大田皇女の墓と断ぜざるをえない。

新聞報道によると宮内庁の陵墓調査官は、現斉明天皇陵の前にも大田皇女の墓があるから、墓誌でも発見されない限り、治定の変更はありえないという見解を示している。終末期古墳から、とりわけ盗掘を受けた牽牛子塚古墳から墓誌が出土することは全くありえないことである。車木ケンノウ古墳（現斉明陵）への冷静な考古学的検討を、宮内庁書陵部に強く望みたいと思う。

牽牛子塚古墳は古くから墳丘が乱れ、棺を入れる石槨の入り口が見えており、中をのぞくと中央の仕切りで二つの墓室にくり抜いた特異な形式で、二人埋葬用の横口式石槨とし

牽牛子塚古墳（奈良県明日香村教育委員会提供）

て有名であった。この巨大な凝灰岩の石造物は、重さ七〇トンと発表された。その上、この石槨を高さ二・八メートル、幅一・二メートル、厚さ七〇センチの石英安山岩の柱で堅固に囲い、推定では十六個の石柱をめぐらせてある。巨大な凝灰岩は二上山産だというから、一五キロの距離を運搬し、現在地に運び上げる技術者や、組織された作業員集団の実態は容易には描きがたい。

『日本書紀』によれば、斉明天皇は造営工事を大変好んで、水工に香久山《かぐやま》の西方から石上山まで水路を掘らせ、二百隻の舟に石上山産の石を積んでその舟を引かせ、後飛鳥岡本宮の東の山に石垣をつくらせた。

当時の人びとは「狂心渠（たぶれごころ

のみぞ)。損費功夫三萬餘矣(おとしつひやすことひとちからさんまんよ)。費損造垣功夫七萬鈴安(おとしつひやすことかきをつくるひとちからななまんよ)」と非難したとある。

延べ三万人、時には七万人の労働力の動員体制がどれほど真実かは量りがたいが、尋常な世の中ではなかったのであろう。

牽牛子塚古墳は一九一四(大正三)年と七七(昭和五十二)年に、保存工事や環境整備を目的とした発掘調査がされている。その折の明日香村教育委員会の報告によると、棺飾金具である七宝亀甲形《しっぽうきっこうがた》座金具八点(亀甲形六点、梯《はしご》形二点)が出土し、わが国最古の七宝製品としている。

ほかにも、金銅飾金具数点をはじめ、特に夾紵棺片約二百点があり、麻布を漆で厚さ数センチメートルにまで固めた棺の長さを一・八メートル、幅六九センチ、高さ五五センチと計測している。玉類もガラス丸玉・小玉・臼玉計二百二十個が発見された。

天武持統合葬陵・聖徳太子墓など数例の夾紵棺から推定すると、牽牛子塚古墳の内容は斉明天皇陵とすべき質的内容を示していると考えざるをえない。

しかし異論がないわけではない。

■斉明天皇陵に関する若干の問題点

斉明天皇は、百済救援のため九州筑後に兵を進め、自身も朝倉 橘 広庭宮《あさくらのたちばなのひろにわみや》に入った。しかし、斉明天皇七（六六一）年七月二十四日に急逝した。『日本書紀』によれば冬十月七日、斉明天皇の遺体は筑紫を離れ海上航路で難波に至り十一月七日には飛鳥川原で殯の行事に入ったことを伝えている。

『日本書紀』はさらに天智天皇六（六六七）年春二月二十七日に斉明天皇と妹にあたる孝徳天皇皇后間 人皇女《はしひとのひめみこ》を合葬し、陵墓は小市岡上 陵《おちのおかのえのみささぎ》と称している。さらに書紀はこの日（二月二十七日）に斉明天皇の孫大田皇女を陵の前の墓地に葬ったことを伝えている。

斉明天皇崩御の年は六六一年で七世紀第Ⅲ四半期にあたり、考古学上の年代観によれば古墳時代後期でもその後半期にあたる。つまり明日香村教育委員会が調査し、敷石帯をめぐらした八角形墳であり合葬用に用意した中壁で仕切られた二基の棺台がある横口式石槨《せっかく》の牽牛子塚古墳は、終末期古墳の研究が進んだ現在の年代観では、斉明天皇崩御の六六一年、七世紀中葉の埋葬構造の特徴とは年代が合わないという見解もある。

この件については白石太一郎氏が二〇一二年三月の大阪府立近つ飛鳥博物館館報一五の「牽牛子塚古墳と岩屋山古墳――考古学からみた斉明陵」と題する論考の中で詳細に論じ

ている。牽牛子塚古墳は近年明らかにされた奈良県明日香村のキトラ古墳や高松塚古墳などの終末期古墳内部構造と比較しても、七世紀末から八世紀初頭頃の特徴を示していることを主張している。従って牽牛子塚古墳を端的に斉明陵と決めつけることには問題があるということである。書紀に記す斉明天皇の崩御と明日香村牽牛子塚古墳の横口式石槨とは数十年の差があり、七世紀後半六六一年とは四、五十年の年代差が認められるという。

『日本書紀』では小市岡上陵とされる斉明陵は、『続日本紀』では「越智山陵」、『延喜式』諸陵寮では「越智崗上陵」とあり、「大和国高市郡にあり、兆城東西五町。南北五町。陵戸五烟。」と記している。

この小市岡上陵については江戸時代から治定陵が高市郡の旧越智村付近の高市郡鳥屋村の一古墳であったり、また別に現在の斉明陵である「車木ケンノウ古墳」を旧車木村の天皇山に比定したり諸説が提議されてきた。しかし文久年間の陵墓修築の際に、現陵の高市郡高取町大字車木の径約四五メートル、高さ約一〇メートルのケンノウ古墳が斉明陵に治定された。

その後の考古学研究の進展によって牽牛子塚古墳や明日香村越岩屋山古墳も、鳥屋村字ツカオに所在する小谷《こだに》古墳なども候補に挙がっていたのである。大正時代以来、明日香村の調査によって牽牛子塚古墳が斉明陵とするのにもっともふさわしいと思われてきたのであった。

　近年の明日香村による学術発掘調査により牽牛子塚古墳は終末期古墳として、七世紀末葉から八世紀初頭の年代が考えられるようになり、斉明陵としては築造年代が新しく、斉明陵にはふさわしくないという見解もある。しかし、『続日本紀』の文武天皇三（六九九）年十月甲午（十三日）の詔《みことのり》によると、越智《おちの》山陵《みささぎ》（斉明天皇陵、大和国高市郡）と山科山陵（天智天皇陵、山城国宇治郡）とを造営することを記し、さらに十月二十日には浄広肆《じょうこうし》（官位）の衣縫王《きぬぬいのおおきみ》と直大壱《じきたいい》（官位）の当麻《たぎまの》真《ま》人《ひと》国《くに》見《み》・直広参《じきこうさん》（官位）の土師《はじの》宿禰《すくね》麻呂《まろ》・直大肆《じきたいし》（官位）田中朝臣《あそん》法麻呂《のりまろ》、判官《じょう》（四等官の第三）四人、主典《さかん》（四等官の第四）二人、大工《おおたくみ》二人を越智山陵に派遣し作業分担を修造させたと記している。

　同時に山科山陵にも別のグループが派遣され山陵修造に従事している。

　この六九九年の越智山陵と山科山陵の造営にあたり、十月十三日の詔の中で「天下の罪人を赦免する」と発表し、それは越智・山科を築造しようとするからであるという。やはりこの陵墓の造営事業は国家にとって政治的にも社会的にも大きな意味が存在したものと思われる。刑に服している罪人を恩赦するほどの社会的意義のある事業だったと思われる。

　六九九年という七世紀最終段階の斉明陵と言えば、横口式石槨を有する八角形墳であることが、ほとんど常識的な考古学的見解である。明日香村の高松塚古墳の横口式石槨から発見された銅鏡などから、七一〇年代までの年代観が与えられている点から、そして『日本書紀』の記載と牽牛子塚古墳の石槨内容との合致から考えるとやはり牽牛子塚古墳を斉明陵とすることは、ほとんど異存はないように思われる。

ところが斉明天皇の崩御は六六一年であり、春二月二十七日に小市岡上陵（越智山陵）に大田皇女とともに合葬したと、書紀は伝えており、その場所が牽牛子塚古墳では、考古学上の古墳内部構造論とは事実が合致しないことになる。

実はこのことに関し白石太一郎氏は畿内における横穴式石室構造の変遷の研究から、一九八二年に奈良県明日香村越《こし》の岩屋山《いわややま》古墳が、天智朝の斉明陵ではないかと主張されていた（「畿内における古墳の終末」『国立歴史民俗博物館研究報告』第一集）。この問題は今尾文昭氏が「二つの斉明陵」と題して、一九九八年に森浩一編『古代探求』（中央公論社）の中でも提起されている。

越の岩屋山古墳はみごとな横穴式石室を有しており、古墳時代の研究では著名な標識的な後期古墳なのである。古くから開口しており多くの人びとが訪れている石室なのである。この岩屋山古墳が八角形の墳丘になるとも言われ、横穴式石室の構造変遷から七世紀中葉から第Ⅲ四半期という年代が与えられている。著者もこの年代が穏当な数値だと考えている。ただし、岩屋山古墳が確実に天智天皇六年の「小市岡上陵」と決しうるかどうか問題となる。明日香村のこの地において、七世紀中頃の精美な切石造りの横穴式石室は、天智朝の斉明陵とする蓋然性がもっとも高いことは疑いないところである。

以上のような斉明天皇陵の現在状況を考えると、二〇〇九年から二〇一〇年にかけて奈良県明日香村教育委員会が発掘調査した明日香村越・牽牛子塚古墳は『続日本紀』が伝える越智山陵すなわち斉明天皇陵であり、間人皇女を合葬した複数の墓室を有する大きな凝灰岩をくり抜いた墳墓だったということになる。

さらに墳丘南東側、斉明陵石槨から約二〇メートル離れた近接地から、別の横穴式石槨が発掘され、明日香村教育委員会は、これに「越塚御門古墳」と命名した。この事実は『日本書紀』に記す天智天皇六（六六七）年に小市岡上陵に斉明天皇と間人皇女を合葬した同日に、皇孫大田皇女を陵前の墓に葬すという記録と合致する事実があるから、牽牛子塚古墳を斉明陵と考えることはやはり確実な考古学上の解釈と思われる。

前述したように『続日本紀』には、文武天皇三（六九九）年に越智山陵と山科山陵の「造営」をすると記し、同時に工事関係者の名を記し「修造」させたとある。白石太一郎氏もその「修造」という語の意味を問題としている。この問題はすでに一九九八年に今尾文昭氏が「二つの斉明陵」（森浩一編『古代探求』）の中で触れたように、文武朝における斉明天皇陵の大規模な造営工事と考えるべきであろう。従って、小市岡上陵に斉明天皇を葬ったのは白石氏が提案する岩屋山古墳になるのであろうか、なお速断しがたいところである。岩屋山古墳が八角形墳になるとも言われており、墳丘およびその周辺の精査が待たれるところである。

終末期古墳の内部構造論から岩屋山斉明陵から牽牛子塚合葬陵への道筋をとるか、合葬用の横口式石槨の登場が七世紀中葉にまで遡りうるのか、という細部の問題にかかわるのであろう。考古学上の事実に従うとすれば、六九九年の文武朝三年に斉明陵が修造され、前陵から新陵に移されたのが道筋であろう。営造と修造の『続日本紀』の用語の意味はなお若干の謎を秘めている。

第8章　天武・持統天皇合葬陵を探る

■皇位継承問題がからんで

『日本書紀』による第四十代の天皇が天武《てんむ》天皇で、皇后の持統《じとう》天皇は第四十一代の天皇である。天武天皇の父は舒明《じょめい》天皇、母は皇極《こうぎょく》（後に斉明）天皇で天智《てんじ》天皇は天武天皇の兄である。『陵墓要覧』によると、天武・持統天皇合葬陵は「檜隈大内陵」と呼ばれ、奈良県高市郡明日香村大字野口にあり、六八六（朱鳥《しゅちょう》元）年九月九日に天武天皇が崩御、六八八（持統二）年十二月に大内陵に葬っている。

持統天皇は皇后として天武天皇を助け、天武天皇の崩御後は帝位について多くの業績をあげた。一般的には「飛鳥浄御原令《あすかきよみはらりょう》」の制定、藤原京の造営など新政策を次々に断行して活躍した女帝として著名である。

天武天皇は大海人皇子《おおあまのおうじ》と呼ばれていた。六六八（天智七）年、兄の天智天皇の立太子《りったいし》（=皇太子）となり、重要な政務に携わるが、次第に天智天皇とは反目していった。やがて六七一（天智十）年一月に天智天皇は、長子・大友皇子《おおとものみこ》を太政大臣に任命したが、天皇は九月に発病、重体になってから東宮（大海人皇子）を寝室に呼んで後事を託した。しかし皇子は固辞して受けず、すべては皇后と太政大臣である大友皇子に任せてくださいと申し入れる。

そして大海人皇子は東宮を辞し天皇のために出家することを宣言し、剃髪して僧門に入った。その後、吉野宮に移ったが、十二月三日に天智天皇は近江宮で崩御し殯の行事に入った。

天智天皇崩御の翌年（六七二年）になり、皇位継承問題が燃え上がり、古代最大の戦乱といわれる「壬申《じんしん》の乱」が勃発した。このとき、大海人皇子は甥の大友皇子側の近江京側が、天智陵造営と称して不穏な動きのあることを知って行動を起こし、吉野から美濃へ赴き挙兵の準備をした。やがて戦乱は近江のみならず近畿地方の各地に拡大し、奈良県桜井市の箸墓周辺も戦場になったほどだった。

戦況は大海人皇子側の勝利となり、大友皇子らは京都府乙訓郡大山崎と推測される山前《やまさき》において自害したと『日本書紀』は伝えている。

壬申の乱の終結によって大海人皇子は六七三（天武二）年二月に、飛鳥浄御原宮で即位し天武天皇となった。天皇は親王・諸王などの冠位十二階と、さらに諸臣の四十八階に及ぶ官位制を定め、中央集権の体制を固め、律令の編纂や帝紀の記録を整え『日本書紀』の編纂などの修史事業にも専念した。このような天武天皇が推進した諸事業が日本古代国家の基礎を固めたといってよい。

『日本書紀』によると天武天皇と皇后鸕野讃良皇女《うののさららのひめみこ》（持統天皇）との間には多くの皇

子・皇女がいた。六七九（天武八）年五月、天皇は草壁皇子《くさかべのみこ》、大津皇子《おおつのみこ》、高市皇子《たけちのみこ》、河島皇子《かわしまのみこ》、忍壁皇子《おさかべのみこ》、芝基皇子《しきのみこ》ら六人を吉野に呼び寄せて、草壁皇子を次期天皇として皇位継承の争いを起こさないように約束（吉野の会盟）させたという。

『日本書紀』によれば天武天皇・皇后ならびに諸皇子の宮廷生活には、かなり煩雑な諸行事があり、内務・外交など多様な日常であったと思われる。

六八五（天武十四）年九月二十四日、天武天皇が発病すると、平癒を祈願して三日間、大官大寺、川原寺、飛鳥寺で誦経をさせ、それぞれ三寺に稲を納めている。また十一月には天皇のために招魂《みたまふり》の儀式をしたり、翌十五年一月二日を朱鳥元（六八六）年と改元している。八月一日には天皇のために僧八十人を得度させ、翌二日には僧尼百人を得度させ、百体の菩薩像を宮中に納め観世音経二百巻の読経をさせた。九月四日には皇族以下、多くの臣下たちが川原寺で天皇の病気の平癒祈願をしていたが、天武天皇は朱鳥元年九月九日に正宮で崩御した、と書紀は伝えている。それ以後、南庭に殯宮を建て殯の行事に入ったと思われる。

この年の十月二日に大津皇子（天武天皇の第三子）の謀反が発覚し、「大津皇子の事件」として多くの逮捕者を出している。大津皇子は二十四歳で自ら命を絶ったのであるが、天皇の死と謀反の日時とが接しており、皇位継承問題が関係していたかも知れない。

十月二十二日に皇太子草壁皇子は多くの公卿や官吏、各地の国司らを集めて檜隈大内陵＝天武天皇陵の営造を開始、二年後の六八八（持統二）年十一月に大内陵に葬られた。

檜隈大内陵は、天武・持統天皇合葬陵であるが、奈良県高市郡明日香村大字野口（旧字名は王ノ墓）にあり、『日本書紀』では大内陵、『延喜式』には「檜隈大内陵」とあり、また「大内陵」として持統天皇と檜隈大内陵に合葬と記している。『続日本紀』では大内山陵・大内東西陵、『諸陵雑事注文《しょりょうぞうじちゅうもん》』では青木御陵、藤原定家の『明月記』には大内山陵と呼ばれており、宮内庁の『陵墓要覧』では「檜隈大内陵」が正式な陵墓名となっており「持統天皇と合葬」と記されている。

『続日本紀』には、七〇二（大宝二）年十二月二十二日には太上天皇（持統天皇）崩御のことが記され、二十九日には遺骸を西殿に納め殯の行事に入ったことを伝えている。さらに、翌七〇三（大宝三）年十二月十七日には飛鳥の岡で火葬し、二十六日に大内陵（天武天皇陵）に合葬したと記している。

右のように『日本書紀』や『延喜式』などの文献の記載によって、天武天皇と持統天皇合葬陵の築造時期と埋葬日時についても具体的に明確である。

檜隈大内陵についての後年の葬祭や各種の奉告の儀などは着実におこなわれた証と思われ、平安時代後期に阿闍梨《あじゃり》皇円《こうえん》が著した史書『扶桑略記《ふそうりゃくき》』には「九月四日天皇崩、一云、九日崩、山陵大和国高市郡檜隈大内高五丈、方五町」とあって、『延喜式』にいう「東西五町、南北四町」という記述とは、若干の差が認められる。

■天武天皇陵の盗掘記録

天武・持統天皇合葬陵の石室構造の詳細な分析については、秋山日出雄氏が『橿原考古学研究所論集第五』(一九七九年)に発表している。その文中で正治二(一二〇〇)年十一月記という『諸陵雑事注文』の中で『大和青木御陵天武天皇御陵』と記し、天武天皇御陵とも青木御陵とも称していたことがわかる。青木は地元の地名から与えられた陵名と思われるが、正治二年から三十五年後の、鎌倉時代一二三五(文暦二)年三月の天武天皇陵盗掘事件を伝える文書の中に『阿不幾乃山陵記《あおきのさんりょうき》』が存在することから、「青木」の名が実証されるものと思われる。すでに広く知られているように、藤原定家の日記『明月記』や作者不詳の『百錬抄』などによると、一二三五年に天武天皇陵に盗賊侵入のことが記されている。

一般的な常識では天皇陵を盗掘するなどということは理解しがたいことであるが、鎌倉時代には実際に盗掘がおこなわれた。なお秋山日出雄氏の指摘によれば、天武天皇陵への二度目の盗掘がほぼ六十年後の一二九三(正応六)年にもあったことが『実躬卿記《さねみきょうき》』に見えるという。

実際に平安時代後半から鎌倉時代に及んでは、天皇陵が荒らされた実例は一、二にとどまらず、律令体制の崩壊やうち続く戦乱などによる社会の不安定な現象が、こうした形で現れたのではないだろうか。歴代の天皇陵に対する祭祀なども執行されなくなったり、陵墓の所在地まで亡失し間違われたりしていたと思われる。戦乱による城砦が天皇陵に設けられたりした時代なので、民衆の意識の中でも陵墓の位置や陵名も忘れてしまったこともあったのだろう。

天武・持統天皇合葬陵に関する問題の新展開は、一八八〇（明治十三）年六月十三日に始まる。京都市栂尾高山寺の方便智院が所蔵していた文書の中から田中教忠氏によって『阿不幾乃山陵記』が発見され、同時に筆写された。この文書の詳細については『考古界』第五篇第六号（明治三十九年一月二十日）に同氏が、『阿不幾乃山陵記考證』として記している。

この文書の発見によって檜隈大内陵が、天武・持統天皇陵の真陵であることが確定した。翌年の一八八一（明治十四）年二月に宮内省は、一八五五（安政二）年から文武天皇陵であった「野口皇ノ墓」を正式に天武・持統天皇合葬陵に治定した。

ここに『阿不幾乃山陵記』全文を現代語訳で紹介し、天武・持統天皇合葬陵について考察したいと思う。

この陵は八角形で石壇の一周は一町程である。墳丘は五段で十株程の大きな樹木に覆われて森を形成している。南に面して石の門があり、その門の前に石橋がある。盗人はこの石門を切り開いて侵入した。御陵の内部は前後二室から構成され、前室は一辺一丈四方ですべてメノウ製で、天井までの高さは七尺、天井もすべてメノウである。後室は広さ南北一丈四、五尺、東西一丈程で、入り口に金銅製妻戸が設けられている。扉の厚さは四寸で、金物六個、そのうち小さいものが四、大きいものが二個あり、その形は蓮華の花のようである。後室三方上下ともにメノウ製で赤く塗られている。御棺は張物で朱塗りである。御棺の蓋は木製で、赤く塗られた御棺の床の金銅の棺座の厚さは五分で、その上には透かし彫りが左右に八個ある。御骨の首は普通よりも大きく、赤黒色を呈している。御脛の骨の長さ一尺六寸、肘骨は長さ一尺四寸、御棺の中には紅い御衣装の朽ちたるものが少々存在した。その他の盗人が取り残したものは橘寺へ移された。その中に玉帯一条あり、形は銀製兵庫鎖を使用して種々の玉で装飾する石の種類二種あり、一は銭をつないだものと表は長さ三寸、その色は水晶のようである。これが玉帯である。御枕には金の珠玉を飾り、唐様で言葉では表現できないが、鼓《つづみ》のような形をしている。金銅の桶が一個床にあり、それは礼盤《らいばん》状の台座に置いてある。台座には鎖が少しあり、透かし彫りがみとめられる。またこのほかに念珠一連があり、琥珀《こはく》を三重の銅糸でつないでいるが、これは多武峰の法師が取り上げる。

天武・持統天皇合葬陵は宮内庁測量図では、東西径約三八メートル、南北径約四五メートル、高さ約九メートルのやや変形した円墳状を呈するが、宮内庁側でもまた古墳研究者の間でも八角形墳丘で五段築成であることは確認されている。宮内庁の陵墓委員の研究者から筆者が直接聞いたところでは、墳丘裾回りも、五重の各段にも石垣状の列石が廻っていて八角形墳丘であることは確実だという。

二〇一三年の宮内庁による陵墓公開の折も、代表として天武・持統天皇合葬陵の陵墓裾を観察した研究者の見解も、墳丘段築の石列が並列しているのを認めているので、八角形五段の墳丘は確実である。十三世紀前葉の『阿不幾乃山陵記』でも「件の陵の八角形、石壇一匝り」あり、墳丘については「五重也」としているので、盗掘事件後一年余も経過後のことであり、奈良や京都の人びとが陵内に入り、陵墓の内容についてはかなり一般的に知られていた可能性がある、と評している。また、盗掘事件の翌月には『明月記』の藤原定家のもとにこの情報が届いていたことになり、都の人たちにもこの情報は早くからもた

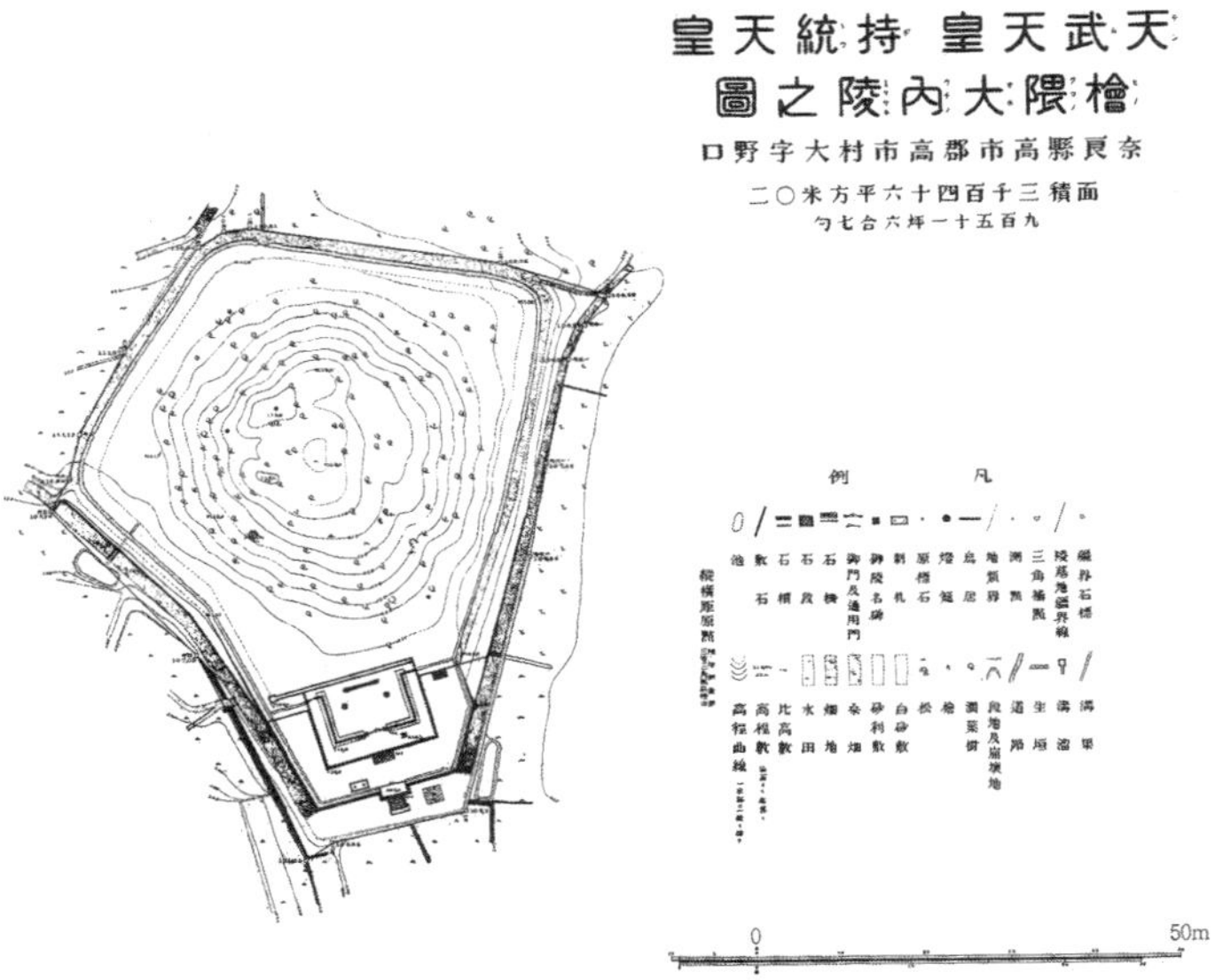

天武・持統天皇陵外形実測図

らされていた可能性が高い。

天武・持統天皇合葬陵が七世紀末から八世紀初頭に及ぶ年代であるから、古墳時代の終末期にあたる。当然、内部構造は横穴式石室か横口式石槨と称すべき構造になるものであろう。南面する石門や石橋ありと記し、横穴式石室の入り口、羨門部の状況を伝えているが、石橋がどのようなものであったかは不明である。また「御陵のウチに内外《ないげ》陣有り」と表現していることも、玄室と羨道部分の表現と思われる。

一六九七（元禄十）年に地元の野口村が京都所司代と南都奉行所

からの調査依頼を受けた折の報告には、「字皇ノ墓」の御陵は武烈天皇陵として上申しているが、報告を受けた南都奉行所は、それは天武・持統天皇合葬陵のことで、武烈天皇は葛下郡片岡山に存在するとしている。この元禄十年の報告に記されている御陵の規模は、入口部高さ七尺三寸五分、横幅七尺八寸五分、奥に面する横幅九尺二寸とあり、奥行き二丈五尺四寸とある。

この元禄期の記録が事実に近いものとすると、天武・持統天皇合葬陵の石室の長さ約七・七メートル、羨道長さ約三・五メートル、羨道幅約二・四メートル、羨道の高さ約二・二メートル、玄室長さ四・二メートル、玄室高さ約二・四メートルという横穴式石室の構造が浮かび上がってくる。

筆者が『阿不幾乃山陵記』の表現で注目するのは、南側に石門と門前に石橋があるということである。石門は石室の閉塞に用いた大きな一枚石の石扉ではなかったかと思うが、その前面に石橋が存在するというのであるから、羨道入口部に幅の狭い溝か墓道があって、それに関係する石橋であったのかも知れない。

さらに内外陣すなわち羨道と玄室内も石材はすべて瑪瑙《めのう》製だと記しているが、これは壁面を平滑に整えた花崗岩か凝灰岩のことであり、壁面を水銀朱あるいは酸化鉄のような赤色顔料を塗布していたのかも知れない。また玄室へ入る玄門部分には開閉用の扉が存在した痕跡が存在する場合もあるが、金銅製の扉が存在し、扉の大小計六個の飾金具や扉開閉用の把手の大きさや金具の獅子文様まで克明に記した例は知られていなかった。

このような横穴式石室の豪華な飾りを有する開閉装置や飾金具の存在は、天皇陵なるが故の構造なのか明白ではないが、七世紀後半代における横穴式石室の構造としては、やはり特別な優位性に富んだ特徴的な石室構造と言ってよいのではないだろうか。

『阿不幾乃山陵記』ではさらに驚くような記述が続く。それは玄室内に安置してあった天武天皇の御棺についてである。盗掘者たちは石室内で棺蓋を開け棺内を見ている。その情景の一部は実検記録と捕らえられた盗掘者たちの見聞とから「御骨、首ハ普通ヨリスコシ大也、其色、赤黒也、御脛骨、長一尺六寸、肘長一尺四寸、御棺内ニ、紅御衣ノ朽タル、少々在之」と記されている。

地元で「皇の墓」と伝えられきた天武・持統天皇陵を盗掘者たちがどこまで認識して強盗に及んだのか明確ではないが、当時としてもいささか希有な事件であり、『百錬抄』によると一二三八（嘉禎四）年二月七日、中太夫判官友影が盗掘犯人を引き回して内裏に参向しようとしたところ、多数の群衆や車が集中して門前の道を閉塞するほどの異常事態であったというから、一般民衆にも彼らが「天皇陵をあばいた人たちだ」という意識はあったのかも知れない。

考古学上の問題点はなお多々存在する。『阿不幾乃山陵記』による「御棺張物也、布ヲ以テコレヲ張ル、入角也、朱塗、長七尺、広二尺五寸許、深二尺五寸許也、御棺ノ蓋ハ木也、朱塗」とあり、以下棺台の特徴をも記している。

終末期古墳の棺の種類については近年、ようやく調査例が増加してきているが、棺は「張物也、布ヲ以テコレヲ張ル、入角也」とはいかなる棺なのかという問題がある。これまでに奈良県明日香村の牽牛子塚古墳（斉明陵か）や群馬県高崎市八幡山古墳、大阪府御領山古墳、奈良県平野塚穴山古墳でも乾漆棺《かんしつかん》（夾紵棺《きょうちょかん》）の破片が出土している。乾漆棺は漆と布を幾重にも重ね塗りして、三センチ余の厚さを有する極めて手数のかかる豪華な棺であり、特別な階層の人のため用意される棺という考え方が強い。それに「御棺の蓋は木也」とあることから棺蓋は木製であったと考えられる。

また明日香村の高松塚古墳のように、木棺に布を張ってその上に漆を塗布した漆塗木棺であったと考えるからである。

天武天皇の遺骸埋葬に用いられた棺としては、最高級の乾漆棺が用意された可能性が強いと思われるが、明日香村真弓の岡に立地する終末期古墳のマルコ山古墳の横口式石槨からは、木芯布張漆塗棺と漆塗木棺蓋が発見され、棺内、棺蓋の内面には水銀朱が塗布してあったという。

終末期古墳の棺形式の実態と『阿不幾乃山陵記』に「御棺の蓋は木也」と表現をしている点を考えると、「張物也、布ヲ以テコレヲ張ル」という表現は、高松塚古墳のような漆塗木棺であったと考える方が適切なのかも知れない。

棺内には遺骨とともに「紅御衣《くれないのぎょい》ノ朽《くち》タル、少々在之《しょうしょうこれあり》」と『山陵記』に記されているが、天武天皇の御衣は白色であったものが、棺内水銀朱が染み込んだものではないかと考える。現今のことならば化学分析などによって明確に決着できる問題であると思われる。文中の「石御帯」がどのような物であったのか、「玉枕」の豪華さも大阪府阿武山古墳例に比較して、より立派な遺品であったのかどうか不明である。

持統天皇の遺骨は、遺言どおり火葬に付されて金銅製の骨蔵器に入れて礼盤状の台上に安置されていたと思われ、その位置についても天武天皇の棺と平行するか、棺の南側（玄門寄り）に縦位置にあったかは、飛鳥資料館と秋山日出雄氏の二通りの復元案がある。『山陵記』にある金銅桶は「納一斗許歟」とあるように骨蔵器と思われる。しかし藤原定家の『明月記』には「銀筥《ぎんばこ》」が道端に捨ててあったということから、この銀製の容器が持統天皇の骨壺であり、金銅桶はその外筥ではなかったかとの見解もあり、なお解釈の分かれるところであろう。

■なぜ天皇陵が荒らされたのか

文暦二年の盗掘事件のあらましを知ると、十三世紀のこの頃の世情の乱れを感じないわけにはいかない。事件後の対応策が十分に講じられているとは思えない。

秋山日出雄氏は「盗掘事件であるのにたいして、勅使を発遣しようとしても参議に其の人がなく、まして諸陵頭も諸陵助も任命されて居らない有様で」と宮廷内外の荒廃ぶりを指摘している（『橿原考古学研究所論集第五』「檜隈大内陵の石室構造」）。

また藤原定家も『明月記』の中で天武天皇陵の現場を見てきた人びとの慟哭《どうこく》の思いを指摘し、持統天皇の火葬骨を納めていたであろう銀製の骨筥が路頭に捨てられていたと記している。事件のほぼ六十年後の一二九三（正応六）年に再び盗掘にあい、犯人たちが天武天皇の頭骨を持ち出したという事件が『実躬卿記』に記されている。陵墓に関する管理・保存の対策が十分に執られていたとは見なしがたく、当時の社会が極度に荒廃・混乱していたと考えざるを得ない。

このような陵墓盗掘という事件はすでに十一世紀後半頃から認められ、『扶桑略記』には一〇六〇（康平三）年に推古天皇陵の盗掘があったと河内国司から報告があったことがしるされ、さらに一〇六三（康平六）年には成務《せいむ》天皇陵が盗掘され、事件に関係した興福寺僧静範ら十六人が各地に配流された。また一一四九（久安五）年には聖武天皇陵が、一二七四（文永十一）年は桓武天皇陵、一二八五（弘安八）年には欽明天皇陵が被害に遭っている。

天皇陵が盗掘されているという事実は、金銀財宝など物盗りが目的であり、天皇陵なるがゆえに、他の古墳に比べて財宝の質も量も優れていると考えた結果なのであろうか。社会的な秩序・規範という道徳上の観念の緩みなのであろうか。社会全般の政治・経済の不安定さと人心の乱れなどが作用している現象なのか陵墓研究上から見れば、天皇陵への冒瀆行為が二百年間に多発している点は、改めて戦乱に続く社会の乱れと民衆の疲弊が根底にあるのではないかと考える。

問題のこの天武・持統天皇合葬陵もその存在と治定が転々と移動していた事実も銘記しておくべきだと思う。天武天皇陵が『日本書紀』などに記すように檜隈大内陵として、六八八（持統二）年に完成し埋葬がおこなわれてから、少なくとも平安時代の頃までは、天武・持統天皇合葬陵として尊崇されていたのであろう。ところが平安時代末から特に鎌倉時代になって、戦乱の巷と化した国内事情から、陵墓の管理が行き届かず、陵墓の確実な位置や被葬者の天皇の名前さえ不確実な状況になったことは事実である。中には『続日本後紀』が記すように平安時代前期の八四三（承和十）年に、奈良市の佐紀《さき》盾列《たたなみ》古墳群の中の成務天皇陵と神功皇后陵とが取り違えられており、陵墓治定の混乱が見られる。

中世から江戸時代の初期における古代の陵墓は不明な例が多く荒廃していた。江戸幕府が陵墓探索調査の事業を開始したのは一六九七（元禄十）年のことであり、奈良町奉行が担当しその調査結果は一六九九（元禄十二）年に『歴代廟陵考《れきだいびょうりょうこう》』として報告された。江戸時代も嘉永・安政年間を通じ陵墓考証が継続されたが、多くの陵墓研究者の見解も分かれて、陵墓治定が時代の推移とともに変化したことも事実である。

先述したように高市郡野口村皇ノ墓にあった天武・持統天皇合葬陵は元禄十年の調査時には、地元の野口村では武烈《ぶれつ》天皇陵としていたが、南都奉行所は天武・持統陵として幕府へ報告している。ところが一七三六（享保二十一）年の『大和志』では現橿原市五条野にある五条野・見瀬丸山古墳を天武・持統天皇合葬陵として、野口皇ノ墓古墳を倭彦命《やまとひこのみこと》墓とした。また蒲生君平の『山陵志』（一八〇八・文化五年）、『打墨縄』（一八四八・嘉永元年）、『聖蹟図志』（一八五四・嘉永七年）などの諸文献はすべて五条野・見瀬丸山古墳を天武・持統天皇合葬陵としている。その後、一八五五（安政二）年に至って五条野・見瀬丸山古墳が正式に天武・持統陵に治定された。この折に野口皇ノ墓古墳は天武・持統陵から文武天皇陵に替わり、高松塚古墳は文武天皇陵ではなくなった。

一八八〇（明治十三）年に高山寺で『阿不幾乃山陵記』が発見された結果、翌八一年に宮内省は野口皇ノ墓古墳を再び天武・持統天皇合葬陵に治定替えするとともに、文武天皇陵を現陵の檜隈《ひのくまの》安《あ》古《この》岡《え》上《の》陵《みささぎ》（奈良県高市郡明日香村大字栗原）に治定した。天武・持統陵に治定されていた五条野・見瀬丸山古墳は陵墓参考地として保存管理されている。

この五条野・見瀬丸山古墳については三一八メートルという六世紀代の日本最大の前方後円墳であり、後円部に存在している横穴式石室は全長二八メートルという日本最長の石室で、玄室内にある二個の家形石棺は江戸時代から明治時代に本居宣長や大阪造幣局技師であったウィリアム・ガウランドたちが確認しており、現今では欽明天皇陵・宣化天皇陵説が提議されているが、決定的な結論は下されていない。

日本古代の天皇陵の中でいま間違いなく正しい天皇陵は、と問われれば、天武・持統天皇合葬陵である「檜隈大内陵」（野口皇ノ墓古墳）と答える。これは考古学研究者のほとんどが認めているところである。近年、宮内庁が実施している陵墓の整備事業などにおいても、五段築成・八角形墳が墳丘の石列によっても確認されており、七世紀末から八世紀初頭にわたる両天皇の御陵として確認できる古代史研究上、まことに貴重な陵墓である。この檜隈大内陵こそ紛れもない真実の天武天皇と持統天皇の合葬陵であることは確実なのである。

終　章　陵墓の疑義は晴らすべき

■万人が納得する事実認証を

本書では、古代の天皇・皇后陵の中で、宮内庁の治定《じじょう》がかなり考古学研究の結果とは異なり批判される例を取り上げて論じた。なぜそう言えるのか、最新の研究の成果を可能な限り取り入れ紹介してきた。

これまで述べてきたが、中世、戦国時代に荒廃した天皇陵は、江戸幕末期に陵墓の調査、補修工事がおこなわれた。明治時代になり、天皇主権の国家体制のもとで、その「万世一系」の正当性を証明するために、すべての天皇の墓が当時の学問水準のもとであいまいなまま指定されてしまった。その根拠としては『日本書紀』『古事記』、平安時代の『延喜式』などの文献や伝承をもととしていたのである。

古代史の研究によれば、『帝皇日継』『帝王本紀』とも呼ばれる帝紀が五世紀末か六世紀初め頃に編纂され、そこには歴代天皇の系譜が綴られ、天皇名・続柄・皇后・后妃・皇子女・年齢・山陵などが記されていたが、伝来の長い年月の間に多くの異伝が生じたという。この帝紀の所伝が『古事記』『日本書紀』の編纂にも引用されたのであろう。

聖徳太子の伝記である『上宮聖徳法王帝説《じょうぐうしょうとくほうおうていせつ》』の終章近くには、「志帰嶋天皇《しきしまのすめらみこと》治天下《あののしたしらしめしこと》卌一年辛卯年《かのとう》四月崩陵檜前坂合罡也」とあり、欽明天皇の崩年と陵墓についての記載がある。また「他田天皇《おさだのすめらみこと》治天下十四年乙巳年八月崩陵在川内志奈我《かわちしなが》」と記し、敏達《びたつ》天皇の陵墓についての記述もある。欽明《きんめい》天皇の「檜前坂合岡《ひのくまのさかあいのおか》」にしても敏達天皇の「川内志奈我」にしても、「帝紀」に類する記録によったものと思われる。その内容も欽明天皇から推古天皇にいたる五大天皇に関する記述とすれば、かなり正確な記録と考えられるが、五七一年崩御と伝える欽明天皇から六二八年崩御の推古天皇までの五十数年間の陵墓地名などが、『古事記』『日本書紀』の記載と必ずしも一致しているとは限らない。ましてや四世紀から六世紀頃の古墳時代の天皇陵の治定については、すべてが正確に真実を伝えているとは考えがたい。おそらく平安時代の終わり頃から鎌倉・室町時代という中世社会の混乱を思えば、所在確認ができない陵もあったに違いないのである。

元禄年間に徳川幕府は山陵の所定調査を実施し、また十九世紀の文久年間にも陵墓の大修築をおこない、不明であった陵墓の治定を推進している。

近年、『歴代天皇・年号事典』（吉川弘文館、二〇〇三年）を執筆された米田雄介氏によると、徳川幕府は元禄年間（一六八八〜一七〇三）に陵墓探索を実施し八十五カ所の陵を確認し、文久年間（一八六一〜六三）には神武天皇陵を治定、明治時代になってからも十数陵の所在が確認できなかったと記している（同書十七頁）。さらに最終的には一九四四（昭和十九）年に長慶天皇陵が治定され、これで天皇陵調査はほぼ終了しているとも記している。

『古事記』『日本書紀』をはじめ『延喜式』諸陵寮編纂の頃には、陵墓についてどの程度の確実な資料が遺されていたかは不明だが、平安時代以降、中世・近世における社会情勢の不安定さは、陵墓さえも戦乱のための城塞とした例があるように、古墳時代の陵墓については、人びとの記憶の彼方にさえ消えたのかもしれない。

現今、陵墓の治定をうけている天皇陵すべてが疑わしいわけではない。大阪府の古市古墳群や百舌鳥古墳群を構成している有力な大前方後円墳は、やはり大王陵＝天皇陵と認めるべきである。但し、治定の陵墓の中には考古学的な検討の過程で、陵墓の特色や年代などが時代性に合致しない例があり、甚だしい例としては奈良県天理市の衾田陵（継体天皇妃陵）がある。地元で西殿塚古墳ともいう衾田陵は、これまでに天理市教育委員会の調査による墳丘出土の土器資料によって、三世紀中葉の前期古墳であることが確実であって、三百年という年代差が認められる。

このような陵墓治定にかかわる問題点は、なお多く存在する。

平成の時代になって四半世紀をこえて、二十七年を迎えようという時代になった。細密な考古資料の研究が進んできた現代において、陵墓の再点検を進めたらいかがであろうか。それが直ちに現今の治定陵の肯定・否定に結びつくものではない。日本の古代陵墓について私たちはもっと科学的な事実認識をもって後世に伝え遺す責務があると思う。

戦後、七十年を経過した日本考古学の進歩は著しいものがあり、確実性を増したモノの見方がある。考古学研究の立場から提起できるとすれば、万人が納得するような正しい精確な事実認証であろうと思う。事実は事実として正しく受けとめる歴史観こそが、天皇陵を正しく後世に伝え遺すことに通じるのではないだろうか。

■公開と保存、発掘について

同時に、天皇陵の公開・学術調査の必要性についても改めて述べたい。

日本古代社会の最高首長でもあった大王陵には疑いの雲はない方がよい。疑義は晴らすべきだと思うのである。

天皇陵の懸案事項でこえなければならないハードルに陵墓公開問題がある。

古代史の解明のためにも、天皇陵を学術調査に公開せよ、文化財として保存に万全を尽くせと、全国の考古学者は主張してきた。それに対して、宮内庁は、「陵墓は天皇家の祖先をまつる生きた墓であり、祭祀が行われている」「静安と尊厳の保持が最も重要」とし、発掘どころか、立ち入りや公開も拒んできた。実は宮内庁が古墳への立ち入りを規制する法的根拠は定かでない。ちなみに日本の研究者が、エジプトや韓国等の「王墓」の発掘調査に参加することを政府は認めている。

この問題は国会でも取り上げられてきた。近年では、二〇一二年に吉井英勝衆議院議員（当時）が「陵墓の治定変更と公開に関する質問主意書」（一月二十四日提出）で、陵墓等として管理されている古墳も文化財として扱われており、文化財は「貴重な国民的財産」であるのだから、国民に公開すべきであり、公開することでその価値は高まるのではないか、と質問した。

政府の答弁では「陵墓等の管理に必要な場合を除き、陵墓等への立入りについては厳に慎むべきであると考えているが、学術研究上の観点からの必要な立入り要請については、陵墓等の本義に支障がない限りにおいて、これを許可している」と答えている。

この溝はなかなか埋まらないが、それでも徐々にではあるが変化の兆しはある。考古学・歴史学関係諸学会が宮内庁に対して、「陵墓」内への立ち入り公開学術調査と、「陵墓」とされている古墳の文化財としての万全な保護を求めて宮内庁への交渉を開始したのは一九七六年。それに応える形で、宮内庁が毎年一基「陵墓」古墳の各学会代表者だけの限定公開を始めたのは一九七九年からだった。

二〇〇八年度から、多くの制限付き（一学協会一人で、調査員が十六人。墳丘の第一段以上には上がれない。遺物の採取禁止など）ながら「陵域」内への立ち入り調査が認められた。日本考古学協会など歴史関係の十六団体は奈良市五社《ごさし》神古墳（神功皇后陵）や大阪府百舌鳥御廟山古墳（陵墓参考地）の公開調査に立ち会い、墳丘裾部までの入陵を認めた点は画期的であった。これらの公開が将来の世界文化遺産登録への一段階と評価する向きもあるが、なお問題は今後に多く残されていると思われる。

それは「陵墓公開」と深く関わっている。世界文化遺産に認められるには、まず陵墓の「真実性、完全の証明」がされなければならず、それはいまの治定状況では、まったく無理であろう。考古学界としても認めるわけにはいかないのである。

宮内庁は「陵誌銘等、現在の治定を変更するに足るだけの明白な資料が出ない限り、現在の治定を維持すべき」との考えを変えていない。しかし、誰が見ても年代など根本的な誤りがある場合は、墓誌出土の有無にかかわらず、陵墓治定や変更を英断をもって決することを、関係省庁にお願いしたい。

陵墓問題は、「公開」とともに、「保存」ももう一つの大きな課題としてある。それはなぜか。宮内庁は陵墓古墳を「古代高塚式陵墓」と呼び、その中には多くの主要な前方後円墳が含まれている。しかし、実際にはほとんどの陵墓が築造当時のままに管理・保存されているわけではない。治定の範囲から外れている陵墓周辺部は、「開発」されてしまう危険がある。現在、都市近郊にある陵墓周辺では開発の波が押し寄せ、工事によって古墳周辺部が破壊されるがままになっているケースも多々ある。

陵墓古墳は、国有財産の中の「皇室用財産」として定まっている。その範囲を拡大しようとすれば、国会の議決を経て予算を拡大しなくてはならず、多くの制約がある。現行の法律で保存しようとすれば、危機に直面している陵墓周辺部を、文化庁が史跡に指定するか、国土交通省が公園に買い上げるかしないのである。

ちなみに天皇陵の発掘調査について一言触れておきたい。この問題ついては多方面からさまざまな意見が出ている。私は今すぐ陵墓を発掘すべきとは考えていない。現在の古墳調査の技術的な進展から考えても、長さ数百メートル以上の墳丘を持つ前方後円墳を発掘する作業とはどういうものか、想像できるだろうか。たとえば仁徳天皇陵を発掘するとすれば、まず周濠の水を全部くみ出し、濠の原型を確認する。墳丘には一万五千本もの円筒埴輪が並び、全面葺石で覆われている。樹木の伐採もしなければならないが、根は手掘りになる。これだけでも膨大な労力と時間がかかる。これをいま発掘行政で手一杯の地方自治体でできるだろうか。実行するとなると国家的事業になると思われる。

〈補論2〉　日本考古学をとりまく現状と課題

日本が太平洋戦争に敗れた一九四五年を境として、日本の考古学は学問の目標を大きく転換し、平和な文化国家日本の発展に貢献する考古学の道をひたすら歩み続けてきた。ところが考古学が、社会発展の基盤でもある時の経済的変動や政治動向によって、激しい変化の波を一挙にかぶる事態が派生し、研究の重要な手段である遺跡の発掘調査さえ中断のやむなきに至る場合も存在する。

■自治体の財政難が

近年、筆者が考古学上の用件で面談した各地方自治体のほとんどの首長が「何しろ財政難で……」という言葉が挨拶であったから、現今の日本の経済的な逼迫状況は極めて悪化していることと分かる。このような経済的な困難性が直接に考古学調査や遺跡保存に影響を与えることは事実であり、これほど世の中の動きが考古学研究の諸条件を圧迫するとは考えられぬことであった。

このあり方が正常とは思わないが、大規模な行政上の発掘が戦後の日本考古学を支えてきたのも事実であり、将来展望が難しいと言わざるをえない。日本考古学界の現状は、研究者自身がよく知るように、デフレ不況から公共、民間を問わず開発や大規模調査が極度に減少し、調査要員の整理、調査機関の解散・統合などの暗いニュースが相次いだ。私の住む千葉県ではこの数年来、数カ所の（財）埋蔵文化財センターが解散、私自身も理事をしていたセンターの解散と清算に遭遇し、辛い思いをしたことがある。

政治の問題が遺跡調査に直接大きな影響を及ぼしたケースもある。国の直轄の道路整備事業が道路特定財源の暫定税率失効に伴って予算措置がとれず、各地の道路整備事業が中断したことは、発掘停止を招き大混乱となったことは忘れられない。突発的な事態に作業員の解雇問題など、労働基準法に関係する事態まで起きたのである。工事に伴う事前発掘調査の件数が一九九六年頃は一万件をはるかに超える膨大な量で、それに対する全国都道府県や市町村関係職員も七千人を超えていた。二〇〇七年度には六千三百人になり、多少の減員があったとしても、日本の考古学調査に関係する研究者の数は圧倒的に行政関係に多いのである。現今では日本だけの状況ではなく中国や韓国も同様であろう。

現在、行政機関における国家財政や地方財政の逼迫よって引き起こされる文化財行政へのプレッシャーが、考古学の沈滞化を招くおそれがある。財政難という現実から地方自治体における文化財行政担当職員の採用を数年間も見送る例もあって、担当職員の専門的な事業の継承性の問題や発展性を保証することが困難になりつつある。日本考古学の担い手の大部分が行政関係者であるという現実を認めると、今後近い将来には文化財行政の空白期が生まれるという憂慮すべき状況が迫っている。

それとも関連して、近年大学における考古学専攻志願者の激減問題がある。それはこの不況で考古学専攻学生の就職先が激減したこと、さらに遠因として二〇〇〇年秋の「前・中期旧石器捏造事件」などのマイナス面が影響しているのかもしれない。

■東日本大震災・原発事故の影響

さらに二〇一一年三月十一日、東北地方の沿岸を襲った東日本大震災は、日本考古学界にとっても大事件・事故であった。マグニチュード9のこの大地震は想像を絶する高さの大津波を生じ、岩手・宮城・福島そして千葉県の太平洋岸各地に壊滅的な被害をもたらした。

この未曽有の災害は、各地の文化財ならびに文化財関連施設を破壊し、岩手県陸前高田市の市立博物館では館長以下六人の館員が殉職した。その地震のあとに襲った巨大な津波による被害には現在でも多くの行方不明者がいるばかりではなく、物的な被害のほかに福島県の原子力発電所の事故は悲劇的な惨禍を招き、地域住民の生存にさえ脅威を与えている。こうした状況が原始・古代から人びとが生活し歴史の一こまを刻み続けてきた大地、すなわち遺跡・遺物を研究史料とする考古学にとって深刻な憂慮する事態となっている。

各地の被災状況を記す余裕はないが、二〇一一年七月三十日に国立歴史民俗博物館で開催された特別集会「被災地の博物館に聞く」の諸報告をまとめた国立歴史民俗博物館編『被災地の博物館に聞く』（吉川弘文館）をぜひ読んでいただきたい。

もちろん、日本国内における文化財関係の被害を救助するために文化庁をはじめ，公共・民間を問わず広汎なレスキュー活動が展開されたが、博物館をはじめ埋蔵文化財関係の被害は想像以上の甚大さであり、海水と泥水、油などによる汚染は容易に復旧できるものではなかった。人手不足はもちろんのこと高度な保存措置の技術が必要であり、文化財保存の技術的措置の弱体化が心配されている。岩手県関係の津波被害を受け海水に浸った古文書の修復は、奈良文化財研究所で実施された。奈良文化財研究所には最大級の真空凍結乾燥機があり、海水と泥にまみれた古文書類の修復が終わり二〇一三年三月に地元に返却された。文化庁による各自治体との連携による防災レスキューチームの編成や、文化財救済ネットワークの結成なども浸透しつつあるが、災害現地からはなお人手の不足、体制設置のおくれなどが叫ばれている現況である。これからは各地の考古学関係機関が強力なネット関係を結び、危機的な状況を克服できる体制を構築しておくべきであろう。

地方自治体による津波被害を受けた沿岸市町村の高地移転に伴う埋蔵文化財調査体制も人手不足が予測される。文化庁記念物課では二〇一三年度で岩手・宮城・福島三県で七十人ほどの応援職員が支援に行っている。現在でも五十人ほどの応援が入っている。従ってまだ全国的な支援体制の構築が必要であるし、考古学研究者すべてが何らかの力を尽くすべき時にあるのではなかろうか。

長い年月を必要とする文化財の正確な所在把握や活用に至る手順は、一部の専門職にのみ頼るわけにはいかず、保存科学分野を含め多くの人材の養成も考えねばならない。文化財の保存と活用の体制が一日も早く整うことを願うばかりである。

〈参考文献〉

○米田雄介編『歴代天皇・年号事典』吉川弘文館（二〇〇三年）
○水野正好著『「天皇陵」総覧』新人物往来社（一九九四年）
○日本史研究会・京都民科歴史部会編『「陵墓」からみた日本史』青木書店（一九九五年）

あとがき

『古代天皇陵の謎を追う』と題して、考古学研究の立場から代表的な古代の天皇陵の幾つかを取り上げて問題点を探ってきた。

この六十数年間に考古学研究も大きく進展し、年代観や考古学資料の分析も緻密になってきた。それにしても〝謎〟をどこまで追えたのかとなるとあまり自信はない。

ただ正確な年代が探り出されたり、遺物の研究が進むと、疑問視されていた天皇陵の復活があったり、逆に再検討の余地が生まれてきたりもする。考古学研究ではあくまで事実に即して考えるから、新事実が確認されれば、その時点で謎が解けるか、さらに謎が深まるかである。

古代天皇陵についてはその新事実の提起が少ないから、謎が解ける機会が少ないのも当然である。四年前の二〇一一年に東京新聞に連載した「陵墓の謎を追う」からどれだけの飛躍があるか自信はないが、その四年間の考古学研究の進展の度合いは、いささか反映できたのではないかと思っている。

最近、奈良県明日香村における石のピラミッドという都塚古墳や舒明天皇陵にかかわる小山田遺跡の調査成果は、天皇陵研究に微妙に関係がある。つまり天皇陵の謎は今後も、提起されることがありうるということである。未解決の問題は多くあるが、現状の天皇陵論を提起することにした。

終章の「陵墓の疑義は晴らすべき」に筆者の思いは集約されている。

さらに「補論」として、読者が関心をもつ卑弥呼の墓・邪馬台国論争についての私見、日本考古学の現状と問題提起も新たに収録した。あわせて読者の忌憚のないご意見をいただければ幸いである。

刊行にあたって、新日本出版社の久野通広氏には長い間ご苦労をおかけした。ここに深く謝意を表する次第である。

二〇一五年三月

明治大学名誉教授　大塚初重

大塚初重（おおつか　はつしげ）
1926年東京生まれ。明治大学大学院文学研究科博士課程修了、文学博士。明治大学名誉教授。登呂遺跡（静岡）、綿貫観音山古墳（群馬）など多数の遺跡の発掘調査に携わる。日本学術会議会員、日本考古学協会会長、山梨県立考古博物館館長などを歴任し、現在は千葉県成田市文化財審議委員会委員長。
著書に『弱き者の生き方』（作家・五木寛之氏との対談。徳間文庫）、『邪馬台国をとらえなおす』（講談社現代新書）、『考古学最新講義　古墳と被葬者の謎にせまる』『考古学最新講義　装飾古墳の世界をさぐる』（祥伝社）など多数。

古代天皇陵《こだいてんのうりょう》の謎《なぞ》を追《お》う

2015年5月30日　初　版
2015年8月5日　第3刷

著　者　大　塚　初　重
発行者　田　所　　稔

郵便番号　151-0051　東京都渋谷区千駄ヶ谷4－25－6
発　行　所　株式会社　新　日　本　出　版　社
電話　03（3423）8402（営業）
03（3423）9323（編集）
info@shinnihon-net.co.jp
www.shinnihon-net.co.jp
振替番号　00130-0-13681
印刷・製本　光陽メディア

落丁・乱丁がありましたらおとりかえいたします。

ISBN978-4-406-05905-3　C0021　Printed in Japan